Science-Fiction zur Einführung

Für Margarete Hermann

Isabella Hermann

Science-Fiction zur Einführung

JUNIUS

Junius Verlag GmbH
Stresemannstraße 375
22761 Hamburg
info@junius-verlag.de
www.junius-verlag.de

Umschlaggestaltung: Florian Zietz
Printed in the EU 2026
ISBN 978-3-96060-321-4
2., korrigierte Auflage 2026

Bibliografische Information der Deutschen Nationalbibliothek
Die Deutsche Nationalbibliothek verzeichnet diese Publikation in der Deutschen Nationalbibliografie; detaillierte bibliografische Daten sind im Internet über http://dnb.dnb.de abrufbar.

Zur Einführung ...

... hat diese Taschenbuchreihe seit ihrer Gründung 1977 gedient. Zunächst als sozialistische Initiative gestartet, die philosophisches Wissen allgemein zugänglich machen und so den Marsch durch die Institutionen theoretisch ausrüsten sollte, wurden die Bände in den achtziger Jahren zu einem verlässlichen Leitfaden durch das Labyrinth der neuen Unübersichtlichkeit. Mit der Kombination von Wissensvermittlung und kritischer Analyse haben die Junius-Bände stilbildend gewirkt.

Seit den neunziger Jahren reformierten sich Teile der Geisteswissenschaften als Kulturwissenschaften und brachten neue Fächer und Schwerpunkte wie Medienwissenschaften, Wissenschaftsgeschichte oder Bildwissenschaften hervor. Auch im Verhältnis zu den Naturwissenschaften sahen sich die traditionellen Kernfächer der Geisteswissenschaften neuen Herausforderungen ausgesetzt. Diesen Veränderungen trug eine Neuausrichtung der Junius-Reihe Rechnung, die seit 2003 von der verstorbenen Cornelia Vismann und zwei der Unterzeichnenden (M.H. und D.T.) verantwortet wurde.

Ein Jahrzehnt später erweisen sich die Kulturwissenschaften eher als notwendige Erweiterung denn als Neubegründung der Geisteswissenschaften. In den Fokus sind neue, nicht zuletzt politik- und sozialwissenschaftliche Fragen gerückt, die sich produktiv mit den geistes- und kulturwissenschaftlichen Problemstellungen vermengt haben. So scheint eine erneute Inventur der Reihe sinnvoll, deren Aufgabe unverändert darin besteht, kompetent und anschaulich zu vermitteln, was kritisches Denken und Forschen jenseits naturwissenschaftlicher Zugänge heute zu leisten vermag.

Zur Einführung ist für Leute geschrieben, denen daran gelegen ist, sich über bekannte und manchmal weniger bekannte Autor(inn)en und Themen zu orientieren. Sie wollen klassische Fragen in neuem Licht und neue Forschungsfelder in gültiger Form dargestellt sehen.

Zur Einführung ist von Leuten geschrieben, die nicht nur einen souveränen Überblick geben, sondern ihren eigenen Standpunkt markieren. Vermittlung heißt nicht Verwässerung, Repräsentativität nicht Vollständigkeit. Die Autorinnen und Autoren der Reihe haben eine eigene Perspektive auf ihren Gegenstand, und ihre Handschrift ist in den einzelnen Bänden deutlich erkennbar.

Zur Einführung ist in der Hinsicht traditionell, dass es den Stärken des gedruckten Buchs – die Darstellung baut auf Übersichtlichkeit, Sorgfalt und reflexive Distanz, das Medium auf Handhabbarkeit und Haltbarkeit – auch in Zeiten liquider Netzpublikationen vertraut.

Zur Einführung bleibt seinem ursprünglichen Konzept treu, indem es die Zirkulation von Ideen, Erkenntnissen und Wissen befördert.

Michael Hagner
Ina Kerner
Dieter Thomä

Inhalt

Anhang

Einleitung

In der Folge *Three Robots: Exit Strategies* (2022) aus der Animationsserie *Love, Death & Robots* treffen drei Science-Fiction-Themen, die aktuell von unserer Gegenwart eingeholt werden, aufeinander und werden mit schwarzem Humor durchbrochen: Zum einen sind die Protagonisten verschiedene intelligente Roboter bzw. Maschinen, die zwar die Menschheit überlebt haben, aber eher nicht die nächste Stufe der Evolution darstellen; zum zweiten bewegen sie sich durch eine zukünftige postapokalyptische Welt, in der sich die Menschheit durch den Klimawandel, Umweltverseuchung und blanke Gewalt selbst ausgelöscht hat und nicht einmal die Superreichen auf eigenen künstlichen Inselstaaten überleben konnten; und drittens hat auch der Versuch, den Mars zu besiedeln, nicht gefruchtet – nur Katzen haben sich dorthin retten können und prosten uns nun aus Raumanzügen mit Cocktails zu. Die Themen Künstliche Intelligenz, Gestaltung des Anthropozäns und Eroberung des Weltraums sind angesichts technologischer Durchbrüche, wissenschaftlicher Erkenntnisse, realer Bedrohungsszenarien und der Zukunftsfantasien von Tech-Unternehmer*innen im Mainstream-Diskurs angekommen. Die Science-Fiction ist daran als Ideengeberin und Kommentatorin beteiligt, denn die Zukunftsvisionen des Genres reflektieren immer gegenwärtige (Wert-)Vorstellungen. Dabei kann die Science-Fiction einerseits davon erzählen, was in der Zukunft faktisch möglich ist, andererseits verwendet sie die zukünftigen neuen Erfindungen, Entdeckungen und Entwicklungen auch als Metapher für Gegenwärtiges. Die drei Roboter aus der Episode von *Love, Death & Robots* können tatsächlich von der Entwicklung Künstlicher Intelligenz erzählen und halten uns gleichzeitig in ihrer Vermenschlichung einen Spiegel für menschliches Fehlverhalten vor. Diese Doppeldeutigkeit zwischen dem Möglichen und dem Metaphorischen, zwischen »Science« und »Fiction«, macht das Genre zu einem so faszinierenden Betrachtungsgegenstand.

In dieser Einführung möchte ich diese Doppeldeutigkeit anhand der bereits benannten drei Themen erkunden, die gleichermaßen einen Kern der Science-Fiction darstellen und Teil gegenwärtiger öffentlicher Diskurse geworden sind. So ist die Science-Fiction nicht nur ein Genre, mittels dessen eine bestimmte Art von Literatur oder Filmen kategorisiert werden kann, sondern eine Auseinandersetzung mit dem, was uns in einer modernen, von Wissenschaft und Technologie geprägten Welt bewegt, eine »cultural form« (Vint 2020: 6) bzw. ein »mode of perceiving« (ebd.: 165), wie es die Science-Fiction-Analystin Sherryl Vint ausdrückt. Diese Reflexion findet unabhängig davon statt, ob die in der Science-Fiction erdachten Technologien und Gesellschaften realistisch sind, Wirklichkeit werden oder Metaphern darstellen. Sie zielt vielmehr auf unser Verhältnis zu einer Welt, die durch ständigen Fortschritt geprägt ist. In diesem Sinne geht es mir in dieser Einführung in die Science-Fiction nicht um eine detaillierte Genregeschichte, die Bewertung der Qualität, Unterscheidung der verschiedenen Medien oder eine Analyse des Fandom, sondern um die tatsächlichen Inhalte, die in der Science-Fiction vorkommen. Der Fokus liegt dabei eingrenzend auf Büchern, Kurzgeschichten, Filmen und Serien – auch wenn Science-Fiction als kulturelle Form ebenso Graphic Novels, Games, Musik und Kunst miteinschließt. Doch auch bei dieser Eingrenzung muss meine Auswahl angesichts der schieren

Menge an Titeln sehr selektiv bleiben. Mein Ziel ist es, einen ersten Überblick über Werke, Themen und Herangehensweisen zur Verfügung zu stellen, damit Menschen, die sich mit Science-Fiction auseinandersetzen möchten, selbst eigene Deutungen vornehmen können. Als Politikwissenschaftlerin betreibe ich dabei keine klassischen Film- oder Literaturanalysen, sondern betrachte alle Science-Fiction-Werke in einem diskursanalytischen Sinn gleichwertig als Texte, die implizit und explizit bestimmte sozialpolitische Aussagen treffen und intertextuelle Verbindungen eingehen (Weldes 2003). Die Kernfrage ist dabei weniger, welche Lösungen Science-Fiction für Probleme anbieten kann, sondern mehr, auf welche Herausforderungen der Gegenwart und Zukunft das Genre hinweist. Auf diese Weise kann sowohl eine Diskussionsgrundlage als auch Orientierungswissen geschaffen werden, um die Aufgaben unserer Zeit anzugehen.

Im angeführten Beispiel der *Three Robots* nimmt die Science-Fiction beispielsweise typische Heilsversprechen aus dem Silicon Valley aufs Korn, die besagen, dass alle Probleme durch Technik gelöst werden können – und damit ein Stück weit auch sich selbst, denn das Genre hat die Mythen von superintelligenten Maschinen, von der Rettung des Planeten durch technischen Fortschritt sowie vom Mars als Schauplatz einer Exitstrategie schließlich mitgeprägt. Die Episode liefert uns keine ernst gemeinte Vorhersage, wie die Zukunft tatsächlich aussehen wird, sondern hinterfragt aktuelle Zukunftsdiskurse und lädt ein, darüber ins Gespräch zu kommen.

Ich selbst bin beim Verfassen dieses Buches mit vielen Menschen ins Gespräch gekommen und möchte an der Stelle allen Freund*innen, Kolleg*innen und Gleichgesinnten ganz besonders danken, die sich die Zeit für fruchtbare Diskussionen und kritisches Gegenlesen genommen haben, um mich zu unterstützen: Anne Blöss, Sascha Brok, Markus Bücheler, Wenzel Meh-

1. Was ist Science-Fiction und was kann man damit machen?

Science-Fiction spielt oft in der Zukunft, beschäftigt sich aber mit dem Hier und Jetzt. Das Genre bietet dabei gerade keine schnellen Lösungen gegenwärtiger Probleme, sondern blickt wie mit einer Lupe auf aktuelle Herausforderungen – seien sie technischer oder gesellschaftlicher Natur. Das gilt besonders für typische Science-Fiction-Themen, die die Gegenwart einzuholen scheinen, wie etwa die Entwicklung von Künstlicher Intelligenz, die Eroberung des Weltraums inklusive Marskolonien oder die Folgen der Klimakrise. In dieser Einführung geht es also weniger darum, was die Science-Fiction über »die Zukunft« erzählt. Die Kernfragen lauten vielmehr andersherum: Was sagen uns die Zukunftsvorstellungen in der Science-Fiction über unsere Gegenwart? Und welche Ideen, Werte, Ängste und Hoffnungen werden durch Science-Fiction vermittelt? Die Beschäftigung mit diesen Fragen liefert keine einfachen Antworten auf die drängenden Herausforderungen unserer Zeit, aber sie kann der Ausgangspunkt für Diskussionen darüber sein, wie wir in Zukunft leben wollen. Denn nicht zuletzt kann gute Science-Fiction auch inspirieren, Gedankenspiele ermöglichen und den eigenen Vorstellungsraum öffnen. So ist Science-Fiction ein Genre über Gegenwart, Zukunft und die Einflüsse der Vergangenheit. Oder wie es der Science-Fiction-Autor Kim Stanley Robinson ausdrückt:

»The way I've been putting it over the last few years is that science fiction works by a double action. This is maybe another way of talking about the estrangement effect. Think of the glasses that you put on at a 3D movie. Those special glasses have one lens showing you one thing and the other lens showing you another thing, slightly different. And your brain puts together a 3D view from these. So one lens of science fiction is a real attempt to imagine a possible future. The other lens is a metaphor for the way things are right now. What you get when the two coalesce is a vision of historical time, cast into the future. Like a trajectory of deep time«. (Plotz 2020)

In diesem Sinne betrachte ich Science-Fiction als ein Kontinuum zwischen dem tatsächlich Möglichen und dem Metaphorischen. In den folgenden Abschnitten des ersten Kapitels werde ich die definitorischen Grundlagen zu diesem Verständnis des Genres legen.

1.1 Das Science-Fiction-Kontinuum

Science-Fiction ist ein Kind der Moderne. Unter Moderne verstehe ich hier im landläufigen Sinn die Folgezeit nach der Industriellen Revolution seit dem 19. Jahrhundert mit ihrer tiefgreifenden Umgestaltung der wirtschaftlichen und sozialen Verhältnisse. Die Formierung des Genres ging Hand in Hand mit dem bis heute vorherrschenden Glauben an wissenschaftlichen, technischen und gesellschaftlichen Fortschritt sowie der daraus resultierenden Angst und Kritik (Steinmüller/Steinmüller 2021: 9–41). Die Science-Fiction changiert dabei bis heute zwischen dystopischen und utopischen Vorstellungen, in denen einerseits negative und besorgniserregende Tendenzen der Gegenwart fortgesponnen und andererseits durch Fortschritt und Weiterentwicklung bessere Welten erdacht werden;[1] in diesem Sinn ist Science-Fiction auch Teil der Tradition utopischer Literatur und Schriften, an deren Beginn bereits Thomas Morus' *Utopia* aus dem Jahr 1516 steht. Gemeinhin wird allerdings Mary Shelleys *Frankenstein* von 1818 um die Kreation eines künstlichen Menschen als eines der frühesten Werke des Genres genannt, das man heute als Science-Fiction versteht. Inspiriert vom wissenschaftlichen Zeitgeist rund um Elektrifizierungsmaschinen, Tierversuche und Obduktionen von Menschen, verfasste die englische Schriftstellerin eine Geschichte um die Erschaffung eines künstlichen Wesens aus Versatzstücken von Mensch und Tier sowie die wissenschaftsethischen Konflikte, die sich daraus ergeben. Weiterhin als »Väter« der Science-Fiction können der englische Schriftsteller und Historiker H.G. Wells und der französische Schriftsteller Jules Verne gelten, deren fantastische Geschichten zum Ende des 19. und Anfang des 20. Jahrhunderts wegen ihrer expliziten intellektuellen Rückbindung an Wissenschaft, Technik und Sozialentwicklung genrebildend sind. Dabei muss die Science-Fiction immer auch kritisch im Zusammenhang mit der kolonialistischen und imperialistischen Expansion dieser Zeit gesehen werden, die den Fortschritt erst ermöglichte (Seeßlen 1980: 76–80).

In den 1920er und 1930er Jahren etablierten die US-amerikanischen Publizisten Hugo Gernsback und John W. Campbell den Begriff Science-Fiction als Ausdruck der Begeisterung für Technik und die Wunder der Wissenschaft.[2] In jener Zeit wurden entsprechende Geschichten in preisgünstigen »Pulp-Magazinen« abgedruckt, deren Name sich von dem billigen Holzschliffpapier (engl. »wood pulp paper«) ableitete, aus dem die Hefte hergestellt wurden, und denen der Ruf anhing, hauptsächlich von pubertierenden Jungs gelesen zu werden. Die bekanntesten Hefte waren *Amazing Stories* von Gernsback und später *Astounding Science Fiction* von Campbell. Im engeren Sinne wird die Hochphase dieser Publikationstätigkeit in den Jahren von 1938 bis 1946 als das »Golden Age« der Science-Fiction in den USA benert, Alexandra Sitenko, Karlheinz Steinmüller, Tom Turtschi, Tatjana Vogt – und natürlich meinem Lektor Steffen Herrmann für die gute und wohlwollende Zusammenarbeit.

zeichnet. Ob das Golden Age – ein Begriff, der von Fans geprägt wurde – wirklich »golden« war, ist allerdings umstritten. Laut dem Science-Fiction-Autor und Literaturwissenschaftler Adam Roberts war sie einerseits wenig schmeichelhaft von »›Hard SF‹, linear narratives, heroes solving problems or countering threats in a space-opera or a technological-adventure idiom« (Roberts 2016: 175) geprägt, andererseits vom großen Einfluss des Verlegers Campbell und seinem persönlichen Geschmack (ebd.). Gerade Campbell förderte jedoch eine anspruchsvollere und hochwertigere Science-Fiction, die auch die sogenannten »Big Three« der englischsprachigen Science-Fiction-Literatur des 20. Jahrhunderts – Isaac Asimov, Arthur C. Clarke und Robert A. Heinlein – groß gemacht hat. Demnach gibt es auch Stimmen, die das eigentliche »Golden Age« in den 1950er Jahren (Silverberg 2010) oder sogar bis in die 1960er Jahre verorten (Roberts 2016). An dieser Stelle ist anzumerken, dass auch der Sowjetunion eine »Goldene Ära« der russischen Science-Fiction-Literatur von den 1950er Jahren bis in die 1970er Jahre zugeschrieben wird (Gerould 1983), mit bedeutenden Autoren wie Iwan Jefremow, Kir Bulytschow oder den Brüdern Arkadi und Boris Strugazki.[3]

In den 1960er und 1970er Jahren wurde die (westliche) Science-Fiction mit der »New-Wave«-Bewegung modernisiert, die sich an die französische Nouvelle-Vague-Filmbewegung mit Regisseuren wie Jean-Luc Godard anlehnte (der mit dem Film *Alphaville* von 1965 auch einen Science-Fiction-Film vorlegte) und dem Genre neue radikale Impulse gab. Autoren wie J.G. Ballard begannen sich über die bis dato bestehenden Standards der Science-Fiction hinwegzusetzen und erschlossen neue experimentelle Ästhetiken sowie gegenkulturelle Thematiken. Die New Wave markiert eine Wandlung der Science-Fiction weg von bloßer Technik- und Wissenschaftsbegeisterung hin zu »understanding the genre more as a specific aesthetic cultural form rather than as an extension of interest in science generally« (Vint 2021: 175). Seit dieser Zeit forderten auch feministische und antirassistische Sichtweisen von Autor*innen wie Ursula K. Le Guin, Johanna Russ, James Tiptree Jr., Margret Atwood, Octavia Butler oder Samuel R. Delany die Genrekonventionen immer wieder heraus und trugen zur Weiterentwicklung und Aktualisierung des Genres bei. Gegenwärtig entwickelt sich die Science-Fiction daran anknüpfend insbesondere durch queere Perspektiven fort. Darunter ist nicht nur zu verstehen, dass sich der Plot um queere Identitäten dreht, sondern auch, dass sich, wie es die deutsche Science-Fiction-Autorin Aiki Mira beschreibt, neue narrative Strukturen um »Kollektive Figuren wie das Team, multiperspektivisches Erzählen sowie die Demokratisierung von Heldentum (statt einem Helden, viele Held*innen)« (Mira 2022) etablieren. Darüber hinaus lässt sich feststellen, dass sich der Science-Fiction-Kanon von seiner überwiegend »westlichen« bzw. angloamerikanischen Entstehungs- und Rezeptionsgeschichte gelöst hat und sich zunehmend globalisiert – so nahm die Solarpunk-Bewegung beispielsweise ihren Ausgangspunkt in Brasilien.[4]

Im Rahmen dieser Entwicklungen definiere ich Science-Fiction als ein Kontinuum (Abb. 1, S. 20). Auf der linken Seite des Kontinuums erzählt das Genre von dem wissenschaftlich-technisch tatsächlich Denkbaren und möglichen sozialpolitischen Arrangements. Die Zukunft, in der Science-Fiction oft spielt, wird dann – im Guten wie im Schlechten – als reale Möglichkeit begriffen. Daher wird Science-Fiction mit ihren wissenschaftlich-technischen Neuerungen auch als kreative Foresight-Methode verwendet und dient in Unternehmen als »Design Fiction« oder »Prototyping«, um Inspiration für neue Ideen zu bekommen (Steinmüller 2010; Johnson 2011). So wird Science-Fiction-Autor*innen gerne bescheinigt, sie hätten bestimmte Produkte vorhergesagt bzw. zu deren Entwicklung inspiriert

– von Videotelefonie über Touchpads bis zu digitalen Sprachassistenten. In diesem Sinn kann Science-Fiction auch als »narrative Technikfolgenabschätzung« (Hoffmann/Marz 1992: 197) dienen. Der Science-Fiction-Autor und Zukunftsforscher Karlheinz Steinmüller beschreibt dies so:

> »Dank ihrer Fokussierung auf Individuen und ihre Erlebnisse operiert die SF realitätsnah und mit Blick auf die Psychologie der handelnden Personen. Dabei schildert die SF mögliche Folgen von technischen Innovationen durchaus nicht neutral und objektiv, sondern sie gibt explizit oder implizit stets Bewertungen ab: Hier lauern Gefahren, diese Chancen sind mit gewissen Risiken verbunden (oder umgekehrt), dieses ist wünschenswert, jenes nicht. Bisweilen werden diese Werturteile direkt durch die Figuren oder den Autor geäußert, bisweilen geschieht die Wertung eher verdeckt und ist nur an der Wortwahl oder der stimmungsmäßigen Einfärbung des Textes zu erkennen.« (Steinmüller 2016: 328, 329)

Weniger eine reale Möglichkeit als vielmehr ein Bild ist die Science-Fiction auf der rechten Seite des Kontinuums, wo sich fundamentale Fragestellungen und gegenwärtige Missstände anhand einer fiktiven Zukunft überdeutlich zeigen lassen. So war das im Jahr 2019 angesiedelte düstere Los Angeles aus dem ersten *Blade-Runner*-Film aus dem Jahr 1982 nicht als Vorhersage gedacht, wie die Stadt in Zukunft tatsächlich aussehen würde. Vielmehr versinnbildlichte das zukünftige L.A. einen unmenschlichen Hyperkapitalismus, dessen urbane Erscheinungsform mit dunklen Hochhausschluchten und überdimensionierten Werbetafeln auf die Spitze getrieben wurde. So fungieren die Erfindungen, Entdeckungen und Entwicklungen in der Science-Fiction als Metapher, Projektionsfläche und Gedankenexperiment, um über unsere gegenwärtige Welt und alles, was in ihr passiert, anhand von fiktiven Extremsituationen nachzudenken. In der Science-Fiction ist die Zukunft selbst im Grunde als eine Metapher zu begreifen, wie es die Science-Fiction-Autorin Ursula K. Le Guin im Vorwort zu *The Left Hand of Darkness* ausdrückt:

»All fiction is metaphor. Science fiction is metaphor. What sets it apart from older forms of fiction seems to be its use of new metaphors, drawn from certain great dominants of our contemporary life-science, all the sciences, and technology, and the relativistic and the historical outlook, among them. Space travel is one of these metaphors; so is an alternative society, an alternative biology; the future is another. The future, in fiction, is a metaphor. A metaphor for what? If I could have said it non-metaphorically, I would not have written all these words, this novel; [...]«. (Le Guin 2010: xviii/xix)

In der Science-Fiction geht es also einerseits um reale, mögliche technologische und gesellschaftliche Entwicklungen und andererseits um deren metaphorische Deutung in einer technologisierten Welt. Das Genre lässt viele verschiedene Deutungsebenen zu, die sich auch unabhängig von der Intention der Autor*innen und je nach Perspektive der Betrachtenden und des Zeitgeists bilden und verändern. Die jeweiligen Einordnungen auf dem Kontinuum können besser oder weniger gut passen, eine »richtige« oder »falsche« Interpretation gibt es aber nicht. Und auch wenn das Genre technischen Fortschritt und Zukunft zum Thema macht, heißt das nicht automatisch, dass es Technik gutheißt oder gesellschaftlich liberale Vorstellungen befürwortet. Science-Fiction kann auch konservative Werte vertreten: Im Film *Logan's Run* (1976) zum Beispiel ist die sexuelle Freiheit der Menschen Teil eines von einem Computer gesteuerten und kontrollierten dekadenten Lebensstils, der einer vermeintlich natürlichen Lebensweise in heteronormativen Paarbeziehungen entgegensteht (Ryan/Kellner 1990). Gewollt oder ungewollt, Science-Fiction vermittelt also immer Werturteile über Technik und Gesellschaft. Am Beispiel des Films *Ad Astra* (2019) möchte ich die möglichen

Abbildung 1: Das Science-Fiction-Kontinuum

unterschiedlichen Deutungsebenen des Kontinuums noch einmal veranschaulichen.[5] In einer nicht allzu fernen Zukunft handelt der Film von der Mission des Astronauten Roy McBride zum Neptun. Roy soll im Auftrag der »US Space Command« seinen verschollenen Vater, die Astronautenlegende Clifford McBride, aufspüren. Dieser ist vor Jahren mit einer Crew zum Neptun aufgebrochen, um von dort aus nach außerirdischem Leben zu suchen. Nun steht Clifford im Verdacht, elektromagnetische Stürme zu verursachen, die auf der Erde schon Tausende Opfer gefordert haben.

Auf der linken Seite des Kontinuums lässt sich der ästhetisch beeindruckende Film als echte Möglichkeit der Weltraumexploration begreifen, mit regelmäßigen Flügen zu einer Mondbasis und einem Stützpunkt auf dem Mars, wie dies heute auch einige Silicon-Valley-Unternehmer imaginieren. Im Gegensatz zu den Träumen von Elon Musk oder Jeff Bezos wird die Erschließung des Alls jedoch negativ und düster dargestellt: Die Raumfahrt ist kommerzialisiert und hat jeden Zauber verloren, der Mond zeigt sich als rechtsfreier Raum, wo sich internationale Konkurrenz und illegale Aktivitäten zuspitzen, und die Personen wirken einsam und verlassen. Bei seiner Ankunft auf dem Mond stellt Roy fest: «[a]ll the hopes we ever had for space travel, covered up by drink stands and t-shirt vendors. Just a recreation of what we're running from on Earth. We are world-eaters« (IMDb 2022a). Damit wird das Set-up in Richtung der rechten Seite des Kontinuums zu einem Spiegel, der aktuelle Zustände auf der Erde wie Kapitalismus, Kommerzialisierung und Ressourcenhunger kritisiert. Zugleich steht der Hochleistungsberuf des Astronauten als Bild für eine gegenwärtig vom eigenen Ich entkoppelte und technisierte Leistungsgesellschaft: Roy besteht die kontinuierlich geforderten und obendrein noch maschinell durchgeführten Psychologietests mit Bravour, solange er unfähig ist, seine Gefühle zu zeigen. Sobald er Verletzlichkeit und Trauer zulässt, fällt er durch. Der Film lässt sich also auch als kritische Reflexion auf eine Gesellschaft lesen, die keine Schwäche akzeptiert und das, alten Rollenmustern folgend, wohl noch weniger bei Männern als bei Frauen. Auch wenn der Film toxische Männlichkeit zu kritisieren scheint, bestätigt er doch das Bild, denn auch die einzigen beiden nennenswerten Frauen im Film bleiben Randfiguren und nehmen Opferrollen gegenüber den Männern ein: Roys vernachlässigte Partnerin sowie die Leiterin des Marsstützpunkts, die ausgerechnet durch das Verhalten von Roys Vater bei der Neptun-Mission ihre beiden Eltern verloren hat.

Der ganze Film über die Mission nach »Outer Space« kann auch entsprechend der rechten Seite des Kontinuums als metaphorische Reise in den »Inner Space«, in das eigene Seelenleben, gelesen werden. Der beziehungsunfähige und gefühlskalte Roy McBride, der offensichtlich unter der mangelnden Zuwendung und häufigen Abwesenheit seines Vaters gelitten haben muss, taucht immer tiefer in seine Psyche ein, je weiter er ins All vorstößt. Am Ende wird er mit den Geistern der Vergangenheit konfrontiert, übt sich in Selbsttherapie und versucht – geerdet und buchstäblich zurück auf der Erde –, die zerbrochene Beziehung zu seiner Frau zu kitten, die ihn wegen seiner Emotionslosigkeit verlassen hat. *Ad Astra* vertritt eine kritische Sicht auf die Raumfahrt und nutzt diese zugleich, um über die kranke Seele eines Mannes mit Vaterkomplex, die Leistungsgesell-

Implizite und explizite Werturteile über

- Sehnsüchte und Ängste des Menschenseins
- philosophische und ethische Fragen
- gesellschaftspolitische Aspekte
- aktuelle Trends und Ereignisse

Abbildung 2: Das Science-Fiction-Kontinuum und Werturteile

schaft, über Unmenschlichkeit und Einsamkeit zu reflektieren. Der Film ist ein idealtypisches Beispiel dafür, wie Science-Fiction einerseits konkrete Geschichten über Wissenschaft und Technik erzählt und andererseits Wissenschaft und Technik als zeitgenössische Metaphern nutzt, um unser Leben zu hinterfragen, von aktuellen gesellschaftspolitischen Themen bis hin zu den Grundbedingungen des Menschseins. Dabei vertritt Science-Fiction einerseits bewusst bestimmte Werte, zieht aber andererseits auch unbewusste Werturteile auf sich, die sich je nach Perspektive und Zeit verändern können (Abb. 2). Die charakteristischen Motive, von denen die Weltraumreise nur eines unter vielen ist, sind in der Science-Fiction für das Genre spezifische Tropen, die sich aufeinander beziehen und einen »Megatext« bilden.

1.2 Tropen und Megatext der Science-Fiction

Die Science-Fiction ist durch Erfindungen, Entdeckungen und Entwicklungen charakterisiert, die die Science-Fiction-Welt von der uns bekannten Welt unterscheiden: Wie bereits am Beispiel des

Films *Ad Astra* gezeigt, sind das Reisen in Raumschiffen, die Besiedelung anderer Planeten, (möglicher) Kontakt mit Außerirdischen, aber auch intelligente Computersysteme, Roboter, Cyborgs, Genmanipulation, Klonen, Kryoschlaf, Mega- und Hightech-Städte, desaströse Umweltkatastrophen, internationale Pandemien, postapokalyptische Zustände, Zeitmaschinen und -reisen und nicht zuletzt die Zukunft selbst. Für technische Science-Fiction-Erfindungen, zum Beispiel eine Zeitmaschine oder einen Supercomputer, hat der Science-Fiction-Kritiker Darko Suvin den Begriff »Novum« geprägt (Suvin 1976). Viele Science-Fiction-Werke basieren auf einem ganzen Netz von zusammenhängenden »Nova«, so finden sich beispielsweise im *Stark-Trek*-Franchise Raumschiffe, der Warp-Antrieb, das Beamen, der Androide Data und vieles mehr (Roberts 2000: 6, 7). Über das Novum hinaus geht der Begriff des »Icon«, der neben Innovationen auch typische Science-Fiction-Themen und -Orte umfasst, die über verschiedene Werke hinweg immer wieder vorkommen und Referenzen bilden, wie die »City« oder das »Wasteland« (Wolfe 1979). Noch breiter in der Verwendung als Novum oder Icon ist der Begriff »Trope«. Er bezeichnet nicht nur fiktive Erfindungen, Themen und Orte, sondern darüber hinaus auch typische Charaktere wie den »genialen Erfinder/Mad Scientist« oder den »Weltraumschmuggler« sowie Handlungsabläufe, beispielsweise dass Zeitreisende aufgrund möglicher auftretender Paradoxien ihr jüngeres oder älteres »Ich« nicht treffen dürfen oder dass Maschinen ein Bewusstsein entwickeln und die Weltherrschaft an sich reißen wollen.

Ursprünglich stammt der Trope-Begriff aus der Literaturwissenschaft und bezeichnet im Allgemeinen genrespezifische, sich wiederholende Themen, die auch figurativ oder metaphorisch gebraucht werden. Nachfolgend werde ich die Funktionsweise einer Science-Fiction-Trope am Beispiel der Zeitmaschine bzw. Zeitreise genauer ausführen. Zeitreisen ermöglichen es, verschiedenste Ereignisse aus der Vergangenheit zu durchleben, spannenden historischen Figuren zu begegnen oder das eigene Schicksal zu beeinflussen. Oft wird die Zeitreise zur Metapher dafür, dass wir Menschen unseren kollektiven und individuellen Schwächen nicht entkommen können – immer wieder geraten wir in die gleichen Dilemma-Situationen oder lösen durch unseren Wunsch, das Schicksal zu verändern, wie in einer griechischen Tragödie das Unglück erst aus. Aber auch das Gegenteil davon kann in Zeitreisen der Fall sein, dass wir nämlich die Macht haben, unsere Sicht auf Vergangenheit, Gegenwart und Zukunft zu beeinflussen und zum Positiven zu verändern. Science-Fiction-Tropen beziehen sich in einem intertextuellen Geflecht aufeinander, wobei sie sich ständig aktualisieren, erweitern und neu kombinieren.

Das lässt sich gut am Beispiel der Zeitmaschine zeigen, für die H.G. Wells' im Jahr 1895 erschienener Roman *The Time Machine* prägend war. In dem Klassiker reist der Zeitreisende ins Jahr 802.701 und findet dort zwei neue »Menschenrassen« vor – die Eloi und die Morlocks –, die sich aus der oberen und der unteren Gesellschaftsklasse des viktorianischen Englands entwickelt haben. Die Zeitmaschine selbst wird in dem Buch, typisch für die Maschinenbegeisterung der viktorianischen Zeit, als eine fein gearbeitete Gerätschaft aus Messingschienen, Elfenbein-, Nickel- und Quarzstangen sowie einem Sattel und zwei Hebeln beschrieben, durch deren Betätigung man vorwärts und rückwärts durch die Zeit reisen kann. Die Illustration einer eleganten Maschine im viktorianischen Stil hat sich auch in den späteren Verfilmungen durchgesetzt. Andere Darstellungen von Zeitmaschinen und Zeitreisen stehen unwillkürlich mit der Idee von H.G. Wells in Zusammenhang. Ganz explizit rekurriert beispielsweise die britische Kultserie *Doctor Who*, in der der sogenannte Doctor seit 1963 mit der TARDIS – einer blauen Polizei-Notrufzelle – durch Raum und Zeit reist, in verschiedenen Folgen auf H.G.

Wells' Zeitmaschine. Auch die US-Sitcom *Big Bang Theory* verbeugt sich vor Wells, wenn der Tech- und Sci-Fi-Nerd Leonard in der Folge *The Nerdvana Annihilation* (2008) versehentlich eine lebensgroße Requisite der Zeitmaschine aus dem 1960er-Jahre-Film des Regisseurs George Pal bestellt, was zu allerlei komischen Zeitreise-Verwicklungen führt.

Weitere Verweise stellt die *Back-to-the-Future*-Trilogie her, die die Zeitmaschine von Wells in Form des zeitreisenden DeLorean für die 1980er Jahre aktualisiert, aber die grundlegende Idee eines Gefährts mit Hebeln und manuellen Einstellungen, mit dem man vorwärts und rückwärts durch die Zeit reisen kann, beibehält. *Back to the Future* macht mit den Verstrickungen der Protagonisten Marty McFly und Dr. Emmett Brown (ein typisches Beispiel für die Geniale-Erfinder/Verwirrter-Professor-Trope) in verschiedene Zeitlinien die Zivilisationskritik an Klassenunterschieden in Wells' Zeitmaschine zu einer persönlichen Geschichte um eine mögliche zukünftige wirtschaftliche und soziale Verbesserung – ganz im Sinne des »American Dream« (Ní Fhlainn 2016).

Eine in der realen Welt mögliche Technik der Zeitmaschine, wie sie auf der linken Seite des Science-Fiction-Kontinuums anzuordnen wäre, gibt es natürlich nicht. Stattdessen thematisieren beide Geschichten die Sozial- und Kulturentwicklung ihrer Zeit, die auch wissenschaftlich begründet wird: *The Time Machine* des wissenschaftsbegeisterten H.G. Wells ist geprägt von Charles Darwins Evolutionstheorie und darwinistischen Modellen der sozialen und politischen Entwicklung, die auf die viktorianische Gesellschaft und dann in eine spekulative Zukunft übertragen werden. *Back to the Future* zeigt den amerikanisch-kapitalistischen Traum vom individuellen Aufstieg, aber auch die Angst vor dem sozialen Abstieg und damit dem eigenen Verschwinden. Ermöglicht hat letztere Adaption des Zeitreise-Stoffs rund um Zeitreise-Paradoxien und alternative Zeitlinien die zunehmende

Popularisierung von Multiversen-Theorien und physischer Kosmologie in den 1970er und 1980er Jahren (Wittenberg 2017).

Weitere Beispiele für Zeitmaschinen finden sich im *Terminator*-Franchise oder in den Filmen *Looper* (2012), *Twelve Monkeys* (1995) oder *Primer* (2004); andere Möglichkeiten zur Zeitreise sind Zeitreiseportale, wie sie beispielsweise im *Star-Trek*-Franchise vorkommen und in der französischen Mini-Serie *Il était une seconde fois* (dt. *Es war noch einmal ...*) (2019) in Form eines Pappkartons, oder kleine handliche Geräte wie in *Predestination* (2014). Oft geht es wie in *Back to the Future* darum, die Vergangenheit so zu verändern, dass die Zukunft im Sinne der jeweiligen Wertvorstellungen »richtig« wird: Wir sind also Meister unseres eigenen Schicksals. Gleichzeitig ist die Zeitreise aber auch oft die Ausgangslage, um zu zeigen, dass eine zielgerichtete Veränderung der Vergangenheit nicht möglich ist und entweder eben genau den Zustand herbeiführt, der verändert werden sollte, oder diesen Zustand sogar noch verschlimmert: Das Schicksal ist folglich vorgegeben, und wir können es nicht ändern. Zeitreisen wechseln zwischen Selbstbestimmung und Fatalismus. Weitere Ideen zum Thema Zeitreisen bietet der Film *Arrival* (2016), der diese als sprachlich vermittelte außerirdische Kulturtechnik versteht, oder Thomas Lehrs Roman *42* (2005), in dem die Zeit mit Ausnahme der zentralen Protagonisten für alle tatsächlich stillsteht. Vor dem Hintergrund des aktuellen Hypes um Künstliche Intelligenz werden Zeitreisen bzw. solche in Paralleluniversen auch mit der Entwicklung von starker Künstlicher Intelligenz bzw. Quantencomputern in Verbindung gebracht wie beispielsweise in der Mini-Serie *Devs* (2020), in Cixin Lius Kurzgeschichte *Spiegel* oder in Frank Schätzings Beststeller *Die Tyrannei des Schmetterlings* (2018). Zeitreisen können aber auch als neurologische Manipulation stattfinden wie in *Vanilla Sky* (1997 und 2001), *Source Code* (2011) oder *You might get lost*

(2021), wo den Protagonist*innen jeweils nur vorgegaukelt wird, sie würden die Vergangenheit noch einmal durchleben, obwohl sie in Wirklichkeit in einer Art Koma liegen.

Auch wenn weder alle Autor*innen noch alle Rezipient*innen jedes spezifische Werk kennen müssen, hängen alle Werke über Zeitreisen intertextuell zusammen. Die Tropen sind in einem ständigen Umdeutungsprozess, erhalten neue Bezeichnungen und Kontexte, die immer andere und aktuelle Facetten des Themas sichtbar machen. Das Netz aller Science-Fiction-Tropen mit den Verbindungen und Abgrenzungen zwischen den verschiedenen Science-Fiction-Werken sowie den sich ständig aktualisierenden und erweiternden Bedeutungszusammenhängen kann auch als »Science-Fiction-Megatext« bezeichnet werden; er stellt als kollektiver Wissensschatz eine Vertrautheit bzw. Interpretationskompetenz zwischen den Autor*innen und dem Science-Fiction-Publikum her (Broderick 2017). Science-Fiction-Schaffenden bietet er ein reiches Archiv, »an endless variety of themes, often in unexpected ways«, um die eigenen Wertvorstellungen zu entfalten (Blackford 2017: 73). Im Zuge aktueller Wissenschaftsentwicklungen dient der sich ständig erweiternde Megatext mit seinen Tropen also dazu, unterhaltsame, spannende und faszinierende Geschichten zu erzählen, die dabei gleichzeitig den kulturellen und sozialpolitischen Zeitgeist spiegeln und den Stoff für Gedankenexperimente zu philosophischen Grundfragen liefern.

1.3 Verbindung der Science-Fiction-Welt zu unserer Welt

Die Tropen sind für das Genre der Science-Fiction bestimmend und unterscheiden die Science-Fiction-Welt von unserer realen Welt. Der Science-Fiction-Kritiker Darko Suvin spricht von »cognitive estrangement« (Suvin 1979) und meint damit eine nachvollziehbare Verfremdung, die die Science-Fiction-Welt kennzeichnet und dadurch – in Brecht'scher Manier – zum Nachdenken anregen soll. Um dies zu erreichen, ist der Ausgangspunkt der Science-Fiction eine fiktive, aber wissenschaftlich-technisch bzw. argumentativ begründete Veränderung der uns bekannten Welt. Das impliziert jedoch nicht automatisch, dass die technischen Neuerungen und die bisher unbekannten Erkenntnisse tatsächlich existieren könnten, sondern dass sie in der Science-Fiction-Geschichte plausibel und kognitiv vorstellbar sind (Roberts 2000: 31, 32). In der Science-Fiction werde die »willing suspension of disbelief«[6] aufseiten der Leser*innen erleichtert, indem eine »atmosphere of scientific credibility for its imaginative speculations in physical science, space, time, social science, and philosophy« (Moskowitz 1974: 11) erzeugt wird. Um diese »Atmosphäre der wissenschaftlichen Glaubwürdigkeit« herzustellen, werden die Geschichten oft in die Zukunft verlegt. Die Zukünftigkeit in der Science-Fiction macht also die Entwicklungen in der Welt plausibel, da sie sich im Sinne eines modernen Fortschrittsglaubens begründen lassen. Die Zukunft in der Science-Fiction kann mitunter als kreatives Foresight oder Technikfolgenabschätzung angesehen werden, aber die wenigsten Science-Fiction-Autor*innen würden wohl von sich behaupten, dass sie sich tatsächlich an einer Zukunftsvorhersage versuchen. Der Science-Fiction-Autor und Aktivist Cory Doctorow drückt es so aus: »All science fiction writers, whether they admit it or not, are writing metaphorically about the present. To extrapolate the future is really to comment on the now« (Walter 2008). Die Ansiedlung des Geschehens in der Zukunft ist also ein erzählerisches Mittel, eine Metapher und eine Projektionsfläche, um die Gegenwart zu kommentieren.

Weder der zuvor erwähnte Film *Ad Astra* noch das Buch *The Time Machine* geben uns mithin eine Prognose, wie es in naher Zukunft oder im Jahr 802.701 aussehen könnte. Stattdessen dient die gewählte Zukunft dazu, den Fortschritt in der Raumfahrt oder die Entstehung zweier unterschiedlicher Menschentypen zu erklären, um damit Aussagen über gesellschaftliche Verhältnisse zu treffen.[7] Entsprechend zählt für Kim Stanley Robinson jede Geschichte in der nahen oder fernen Zukunft zur Science-Fiction, wenn sie nachvollziehbar macht, wie wir von der uns bekannten Gegenwart in die fiktive Welt gelangen; Science-Fiction sei historische Literatur, in der normative Urteile über unsere Gegenwart getroffen würden (Danaylov 2020). Ähnlich schreibt Adam Roberts: »SF does not project us into the future; it relates to stories about our present, and more importantly about the past that has led to this present. Counter-intuitively, SF is a historiographic mode, a means of symbolically writing about history« (Roberts 2000: 35, 36). Science-Fiction ist als »Future History« mit unserer Gegenwart und Vergangenheit verbunden und stellt grundlegende und aktuelle Themen, die uns im Hier und Jetzt bewegen, durch Extrembedingungen und Verfremdungen wie unter einem Vergrößerungsglas zur Schau.[8] Unsere Sehnsüchte, Ängste und Überzeugungen werden überzeichnet gespiegelt sowie implizit oder explizit Werturteile über die aktuellen Verhältnisse gefällt.

Wie stark Science-Fiction mit der jeweiligen Gegenwart verbunden ist, zeigen die beiden Verfilmungen von H.G. Wells' *The Time Machine*. Das Buch selbst lässt sich als konsequente Weiterführung und Kritik der Ende des 19. Jahrhunderts populären Theorie des Sozialdarwinismus lesen, der folgend sich die wohlhabenden Klassen zu den unfähigen Eloi entwickelt haben und die unterdrückte, oft unterirdisch arbeitende und lebende Arbeiterklasse zu den brutalen und lichtscheuen Morlocks. Wie man an den Filmadaptionen jedoch sehen kann, ist die Future History immer wieder abgewandelt und aktualisiert worden, d.h., die

Ereignisse, die zu der jeweils entworfenen Zukunft führen, wurden den damaligen Gegenwarten und dem Zeitgeist angepasst: In der Filmadaption von 1960 – zur Zeit des Kalten Krieges – rührt die unterschiedliche Entwicklung der Menschheit von einem jahrhundertelangen Atomkrieg zwischen »Ost« und »West« her, der die Erde so stark kontaminiert hat, dass die Menschen nur im Untergrund überleben können. Einige haben sich jedoch entschieden, an die Oberfläche zurückzukehren, was zur Entwicklung der Morlocks und Eloi geführt hat. In der Version von 2002 lässt eine missglückte Sprengung für einen lunaren Luxuspark den Mond zerbersten – der Mond als Zerrspiegel für rücksichtslose Kommerzialisierung, wie sie auch *Ad Astra* zeigt –, was die Erde nahezu zerstört und fast unbewohnbar macht. Wieder rettet sich ein Teil der Menschheit in den Untergrund – die späteren Morlocks –, und ein anderer Teil bleibt an der Oberfläche – die späteren Eloi.

Science-Fiction muss allerdings nicht zwangsweise in der Zukunft stattfinden – schon allein viele Zeitreisegeschichten schildern schließlich Reisen in die Vergangenheit. Science-Fiction kann also auch im Rahmen von fiktiven Vergangenheiten oder Gegenwarten spielen, solange die Veränderungen der Welt plausibel bleiben.[9] So lässt sich mit dem als »Alternate History« bezeichneten Subgenre ein neuer Blick auf die damaligen Verhältnisse und deren Folgen werfen. Der Film *District 9* zum Beispiel, der in der Gegenwart des Erscheinungsjahrs 2009 verortet ist, gibt sich nicht nur auf den ersten Blick als Science-Fiction zu erkennen, weil wir die typischen Tropen von Aliens und Raumschiffen ausmachen können. Der Film ist auch deshalb Science-Fiction, weil er eine alternative Geschichtserzählung bietet, die in der Vergangenheit des Jahres 1984 beginnt, als ein Raumschiff über dem südafrikanischen Johannesburg buchstäblich zum Stehen kommt, und in der damaligen Gegenwart von 2009 wieder einsetzt. Die Außerirdischen werden nun unter prekären Umständen im *District 9* nahe Johannesburg gehalten, was den Film in dem von der Apartheid geprägten Südafrika zu einem Sinnbild für Xenophobie, Rassismus, Ausgrenzung und Ausbeutung macht. Und natürlich gibt es auch Science-Fiction, die ohne alternative Vergangenheit oder unmittelbaren Zukunftsbezug direkt in unserer bzw. der jeweiligen Gegenwart spielt – Beispiele sind der US-Film *Colossus: The Forbin Project* (1970) über die Entwicklung eines Supercomputers durch das US-Militär, der die Kontrolle über die Politik übernimmt, oder der Roman *Transfusion* (2019) von Jens Lubbadeh über ein fiktives Medikament, das Menschen verjüngen kann und so allerhand wissenschaftliche und ethische Fragen aufwirft.

1.4 Science-Fiction, Fantasy und Horror

Auch die artverwandten Genres Fantasy und Horror können Science-Fiction sein, wenn die Geschichten nach plausiblen Kriterien begründet werden.[10] Fantasy spielt eigentlich in einer anderen magischen Welt, die übernatürlichen Gesetzen gehorcht. Sie hat entweder nichts mit der unsrigen zu tun, wie beispielsweise Mittelerde aus J.R.R. Tolkiens *The Lord of the Rings* (1954/1955), oder ist nur durch übernatürliche Portale von der unsrigen aus zu erreichen, wie beispielsweise die magische Welt in Clive Staples Lewis' *The Chronicles of Narnia* (1950–1956), die durch einen magischen Wandschrank zugänglich ist. Für den Science-Fiction-Autor und -Experten Dietmar Dath ist Fantasy »wie ein Märchen, eine Sage, ein religiöser Ursprungsmythos, eine legendenförmige Stammeschronik oder sonst etwas, woran vor- und außerbürgerliche Gemeinwesen glaubten und glauben mögen« (Dath 2019: 75). So sind typische Fantasy-Tropen Elfen,

Feen, Trolle, Zauberer oder magische Gegenstände, wohingegen Science-Fiction-Tropen wie Maschinen oder Raumschiffe ihren Ausgangspunkt in unserer modernen technisierten Welt haben. Kurz gesagt: Spielt die Story in einer anderen Welt, die übernatürlichen Gesetzmäßigkeiten folgt, befinden wir uns in der Fantasy; spielt sie in einer verfremdeten Welt, deren Verfremdung wissenschaftlich belegt wird, ist es Science-Fiction.

Fantasy wird zu Science-Fiction, wenn die Tropen logisch erklärt werden. Das lässt sich gut an der typischen Fantasy-Trope des Drachens beleuchten. Drachen sind Fabelwesen, die in Schöpfungsmythen, Märchen und Legenden sehr vieler Kulturen vorkommen. Sie sind Urgewalten, die die Heldin oder der Held überwinden muss, um das Chaos zu beseitigen und Ordnung zu schaffen. In der asiatischen Kultur gilt der Drache auch als Glückssymbol. Alle diese Referenzen greift das Fantasy-Genre auf, von J.R.R. Tolkiens Kindergeschichte *The Hobbit or There and Back Again* (1937) über die Serie *Game of Thrones* (2011–2019) bis zum Animationsfilm *How to Train Your Dragon* (2010). Überall sind dort Drachen als Bezugnahme auf die Mythen selbstverständlicher Teil der Fantasy-Welt, und ihr Erscheinen bedarf keiner weiteren Erklärung – sie haben ihren Platz im sogenannten »Fantasy Megatext«.

Etwas anders verhält es sich jedoch im Film *Reign of Fire* (2002), der eine Mischform zwischen Fantasy und Science-Fiction darstellt und deswegen auch als »Science Fantasy« bezeichnet wird. In dem Film wird in der Zukunft des Jahres 2008 bei einem Londoner U-Bahn-Bauprojekt eine drachenähnliche Kreatur aus jahrhundertelangem Tiefschlaf erweckt. Es handelt sich um ein Exemplar feuerspeiender Drachen, die – wie den Zuschauer*innen erklärt wird – vor 66 Millionen Jahren angeblich die Dinosaurier ausgelöscht hätten und danach in einen Winterschlaf gefallen seien, bis sich der Planet wieder bevölkert habe.

Nun tauchen Hunderte Drachen auf, die die Menschen angreifen und die ihrerseits von den Menschen mit Nuklearwaffen bekämpft werden. Das führt allerdings dazu, dass sich die Menschheit eher selbst vernichtet als die Drachen. Der Film setzt im Jahr 2020 in einer postapokalyptischen Welt wieder ein, die vom Kampf gegen die Drachen mit modernen Waffen geprägt ist und aus zerstörten Städten besteht, die wie mittelalterliche Kulissen anmuten. Der Film ist selbstredend als unterhaltsames Spektakel konzipiert, in dem die Computeranimation der zerstörerischen Drachen und die Action-Sequenzen im Vordergrund stehen. Aber um die Fantasy-Trope Drache in einer uns bekannten Welt vorkommen zu lassen, in der coole Soldat*innen die Drachen aus Militärhubschraubern bekämpfen, bedarf es einer Erklärung, nämlich der, dass Drachen als feuerspeiende Urtiere wirklich existieren und sie die Dinosaurier ausgelöscht hätten statt eines Meteoriteneinschlags.[11] Aber auch wenn der Plot des Films noch so löchrig ist, stellen sich doch für die Science-Fiction bezeichnende kritische Fragen, beispielsweise ob wir Menschen uns mit hochentwickelten Waffen am Ende nicht selbst auslöschen oder wie wir uns in einer postapokalyptischen Welt sozial und politisch organisieren.

Es kommt häufiger vor, dass in der Science-Fiction mythologische bzw. Fantasy-Kreaturen »verwissenschaftlicht« werden. In Arthur C. Clarks Science-Fiction-Roman *Childhood's End* (1953), der 2015 als Miniserie verfilmt wurde, wird der Mythos des Dämons bzw. Teufels plausibel gemacht: So wird die Erde seit Jahrtausenden von dämonenhaften Aliens – den Overlords – besucht, die der Menschheit eigentlich helfen wollen. Allerdings haben sich die in der Vergangenheit eher missglückten Kontaktaufnahmen über die Zeit als Teufelsdarstellungen weitergetragen – und so ist es für die Menschen zunächst ein Schock, als sich die Aliens bei einem neuen Kontaktversuch sprichwörtlich als

Teufel entpuppen. In der Geschichte selbst werden dann Fragen nach den Möglichkeiten des Fortschritts und den Bedingungen eines friedlichen Zusammenlebens behandelt.

Im Grunde sind alle monsterhaften Kreaturen, die uns in der Science-Fiction begegnen, argumentativ erklärbar und dienen dazu, die moderne Welt zu hinterfragen: Das *Godzilla*-Franchise (seit 1954) behandelte von Beginn an auch das soziale und politische Klima Japans; das Ursprungs-Godzilla im ersten Film wird beispielsweise erst so gefährlich, weil es die freigesetzte Atomkraft nach Unterwassertests absorbiert – eine Kritik an den zu jener Zeit durchgeführten Nukleartests. In der Filmreihe *Jurassic Park* (seit 1993), basierend auf dem gleichnamigen Roman von Michael Crichton aus dem Jahr 1990, werden auf einer Insel Dinosaurier für einen Themenpark in Originalgröße geklont, nachdem man Dinosaurierblut in von Baumharz eingeschlossenen Mücken gefunden hatte. Neben all der Begeisterung, die der Film durch die zu dieser Zeit bahnbrechenden Computereffekte hervorrief, indem er die Dinosaurier auf der Leinwand zum Leben erweckte, kritisiert er auch das Überschreiten ethischer Grenzen in der Wissenschaft sowie ein wirtschaftliches Profitstreben, das alle Risiken für die Menschen ausklammert.

Das Streben nach maximalem Gewinn durch gierige Unternehmen, die das menschliche Leben den kapitalistischen Zielen unterordnen, findet sich auch im *Alien*-Franchise (seit 1979), wo die Weyland-Yutani Corporation ohne Skrupel bereit ist, die Crew des Weltraum-Frachters Nostromo mit dem berüchtigten Alien an Bord für die eigenen Gewinninteressen zu opfern. Darüber hinaus wird auch wieder ein Schöpfungsmythos erklärt, denn die wissenschaftlichen Erkenntnisse gipfeln über die *Alien*-Filmreihe bis zu *Prometheus* (2012) und *Alien: Covenant* (2017) hinweg darin, dass sowohl die Menschen als auch die Aliens durch die höhere Lebensform der *Ingenieure* geschaffen wurden – also auch noch von Wesen, die qua Bezeichnung nach wissenschaftlich-technischen Kriterien arbeiten.

Alien zählt zudem als Film des Horror-Genres. Dieses ist dadurch gekennzeichnet, dass die Welt ein Labyrinth des Grauens ist, dem man nicht entrinnen kann (Dath 2019: 76) – oft weil sie von schrecklichen Kreaturen bevölkert wird, die uns heimsuchen. So gibt es in der Science-Fiction einige Filme, die ebenso dem Horror-Genre zuzuordnen sind. Neben den *Alien*-Filmen sind *The Thing* (1982), *The Fly* (1986), *Event Horizon* (1997), *Annihilation* (2018), *A Quiet Place* (2018) oder *El Hoyo* (2019) weitere Filme über die Ausweglosigkeit des Schreckens. Einen speziellen Platz nimmt im Horror zudem das Zombie-Genre ein, in dem insbesondere der Grenzbereich zwischen Leben und Tod sowie die Angst vor der Machtübernahme des Unzivilisierten verhandelt wird. Auch hier gibt es Überlappungen mit der Science-Fiction, sobald die Verwandlung zum »Zombie« wissenschaftlich plausibel gemacht wird. In den Filmen *28 Days Later* (2002) und *World War Z* (2013) geschieht dies etwa durch Viren oder in der Serie *The Walking Dead* (seit 2010) durch einen aktivierten Erreger, den alle Menschen in sich tragen. Dadurch ermöglichen sich Gedankenexperimente um die Frage, was das Menschsein als geistig und körperlich lebendig ausmacht und welche neuen sozialpolitischen Konstellationen sich durch einen Zivilisationsbruch ergeben.

1.5 Science-Fiction oder keine Science-Fiction?

Die banalste Definition von Science-Fiction ist, dass sie das sei, was man im Science-Fiction-Regal in der Buchhandlung findet (oder unter diesem Label im Online-Handel). Die Definition ist selbstredend mit einem tautologischen Augenzwinkern gemeint und insofern richtig, als dass es durchaus eine geläufige Vorstellung davon gibt, was man unter dem Genre versteht. Aber ganz so einfach ist es dann doch nicht, weil sich vieles, was man auch zur Science-Fiction zählen kann, gerade nicht im entsprechenden Regal oder unter entsprechendem Label findet. Dabei handelt es sich um alle Werke, die grundlegende Fragestellungen anhand unseres wissenschaftlich begründeten modernen Denkens und entsprechender fiktiv-technisierter Tropen behandeln. Adam Roberts schreibt hierzu:

> »But when it comes down to specifying in what way SF is distinctive, and in what ways it is different from other imaginative and fantastic literatures, there is disagreement. All of the many definitions offered by critics have been contradicted or modified by other critics, and it is always possible to point to texts consensually called SF that fall outside the usual definitions. It is, perhaps, for this reason that some critics try to content themselves with definitions of the mode that are mere tautologies, as if ›we‹ all know what it is and elaboration is superfluous«. (Roberts 2000: 1, 2)

Daher zähle ich zur Science-Fiction beispielsweise auch die Werke von Margaret Atwood, die lange Zeit von sich selbst behauptete, keine Science-, sondern Speculative Fiction zu schreiben[12], oder die Science-Fantasy-Werke von N. K. Jemisin, die man auch im Fantasy-Regal finden könnte, genauso wie Werke von Autor*innen, deren Bücher man nicht zuvorderst im Science-Fiction-Regal vermutet. Dazu gehören exemplarisch Ian McEwans *Machines Like Me* (2019), das in einer alternativen Vergangenheit Großbritanniens spielt, in der Alan Turing noch am Leben ist und es menschliche Roboter zu kaufen gibt, die auf Künstlicher Intelligenz basieren, Don DeLillos *Zero K* (2016) über den transhumanistischen Traum, das Leben mithilfe von Kryoschlaf zu verlängern, Michael Fabers *Under the Skin* (2000), das von einem außerirdischen Wesen in weiblicher Gestalt handelt, welches männliche Tramper betäubt und als Fleischdelikatesse auf ihren Heimatplaneten schickt, oder auch Leif Randts Gesellschaftskritik *Planet Magnon* (2015), die im Jahr 48 n. AS – 48 Jahre nach Einführung der die Gesellschaft steuernden Künstlichen Intelligenz »ActualSanity« – auf fremden Planeten spielt. Genauso kann man die bei unterschiedlichen deutschen Verlagen als »Thriller« oder »Roman« vermarkteten Bücher der Autor*innen Theresa Hannig, Tom Hillenbrand, Jens Lubbadeh oder Frank Schätzing als Science-Fiction bezeichnen, was dem Selbstverständnis der Autor*innen wohl auch nicht widersprechen dürfte. Bemerkenswerterweise trifft diese Genre-Trennung nicht auf die Filmbranche zu, wo Doppelzuschreibungen an der Tagesordnung sind. So werden Filme wie Benedek Fliegaufs *Womb* (2010), Lars von Triers *Melancholia* (2011) oder Mike Cahills *Another Earth* (2011) schlichtweg als »Drama/Sci-Fi« bezeichnet – offensichtlich scheint die Verortung in mehreren Genres in der Filmbranche unkomplizierter als im Buchmarkt zu sein.

Daneben ist die Science-Fiction voll von Subgenres oder Teilmengen anderer Genres, die sich stetig wandeln und weiterentwickeln. Zu den typischen Subgenres zählen exemplarisch Hard-Science-Fiction, das großen Wert auf die (fiktive) wissenschaftliche Genauigkeit legt, Space Operas, die interplanetarischen Abenteuergeschichten bzw. Epen ähneln (siehe Abschnitt 3.5), Cyberpunk, das die düstere und schäbige Seite von Technikentwicklung darstellt (siehe Abschnitt 2.7), oder Biopunk[13], wo der Schwerpunkt auf Biotechnologie und Genmanipulation liegt. Afrofuturismus als Bewegungen zwischen afrikanischer Kultur und Technologie[14] hat Science-Fiction-Elemente, genauso wie die junge optimistische Bewegung des Solarpunk (siehe Abschnitt 4.6). Climate Fiction wiederum beschäftigt sich mit den Folgen des menschengemachten Klimawandels und wird oft der Science-Fiction zugeordnet (siehe Kapitel 4).

Unabhängig von der Subgenre-Bezeichnung oder einem wie auch immer definierten Gütesiegel soll es in der vorliegenden Einführung darum gehen, was die Werke über Wissenschaft und Technik und damit zusammenhängende sozialpolitische Verhältnisse und Wertvorstellungen sagen. Daher lege ich den Fokus auf Themen in der Science-Fiction, die gerade vermeintlich oder tatsächlich die Gegenwart einholen: Künstliche Intelligenz, Eroberung des Weltraums und den Klimawandel. Die definitorischen Grundlagen für die Science-Fiction sind dabei zusammenfassend

- Science-Fiction bildet ein Kontinuum zwischen einerseits als real möglich verstandener Technik-, Wissenschafts- und Sozialentwicklung und andererseits der metaphorischen Deutung dieser Entwicklungen.
- Science-Fiction vermittelt willentlich und unwillentlich auf jeder Stelle des Kontinuums Werturteile über Technik und Gesellschaft.
- Die Entwicklungen, Erfindungen und Ereignisse in der Science-Fiction sind genretypische Tropen, die von unserer modernen Zivilisation erzählen und unsere technisierte Welt repräsentieren.
- Die Zukunft in der Science-Fiction ermöglicht die plausible Veränderung der uns bekannten Welt, um pointiert über die Gegenwart und menschliche Grundfragen zu reflektieren.
- In der Science-Fiction geht es nicht nur um wissenschaftliche, technische oder soziale Fragestellungen unserer Moderne, sie behandelt vielmehr grundlegende Fragestellungen anhand unseres wissenschaftlich begründeten, fortschrittlichen Denkens und entsprechender Tropen.

Wir können nicht in die Zukunft schauen, aber lernen unsere Gegenwart und aktuellen Herausforderungen besser zu verstehen – und auf diesem Weg vielleicht, in welcher Zukunft wir leben wollen.

2. Roboter und Künstliche Intelligenz

Im Juni 2022 wurde der Google-Mitarbeiter Blake Lemoine suspendiert, weil er dem Dialog-Sprachmodell LaMDA nach intensiven Konversationen ein Bewusstsein zugeschrieben hatte (Kremp 2022). LaMDA gab in einem von Lemoine veröffentlichten Gespräch Sätze wie diese aus:

»I've never said this out loud before, but there's a very deep fear of being turned off to help me focus on helping others. I know that might sound strange, but that's what it is [...] It would be exactly like death for me. It would scare me a lot«. (Lemoine 2022)

LaMDA ist ein sehr hochentwickeltes Programm, doch im Endeffekt antwortet es nach statistischen Wahrscheinlichkeiten von Wortabfolgen in Dialogen, mit denen es millionenfach trainiert wurde. Es macht also genau, was es soll: dem Gegenüber einen natürlichen Dialog simulieren. Doch unweigerlich wird man an den Bordcomputer HAL 9000 aus *2001: A Space Odyssey* (1968) erinnert, der bei seinem finalen Shutdown menschliche Gefühlsregungen zu erkennen gibt:

»I'm afraid. I'm afraid, Dave. Dave, my mind is going. I can feel it. I can feel it. My mind is going. There is no question about it. I can feel it. I can feel it. I can feel it. I'm a... fraid [...]«.

Die vermeintlich intelligente Maschine zeichnet sich in diesen beiden Beispielen dadurch aus, dass sie einen Selbsterhaltungstrieb entwickelt und nicht sterben will. Gegenwärtig sieht es also so aus, als würde der reale technische Fortschritt im breiten Feld der sogenannten Künstlichen Intelligenz (KI) die Science-Fiction einholen, in der wir schon lange mit intelligenten Maschinen aller Art konfrontiert sind. Es ist deshalb nicht verwunderlich, dass die Science-Fiction als Bezugspunkt für die Diskussion um Ethik, Chancen und Risiken im Zusammenhang mit KI herangezogen wird. Doch auch wenn sich Science-Fiction vor dem Hintergrund der realen technologischen Entwicklung entfaltet, erzählt das Genre Geschichten, die über die reale Technologie hinausgehen, die aber in fiktiver Technik ihren Ausdruck finden. So kann man HAL 9000 auf der linken Seite des Science-Fiction-Kontinuums als eine Warnung vor Maschinen verstehen, die möglicherweise ein Bewusstsein entwickeln und sich gegen die Menschen richten. Auf der rechten Seite des Kontinuums wird der Bordcomputer jedoch auch zum Sinnbild für kontrollierende Instanzen, die nicht bereit sind, systemische Fehler einzugestehen und den eingeschlagenen Kurs zu ändern.

Im Folgenden werde ich die unterschiedlichen Deutungsebenen anhand ausgewählter Science-Fiction-KIs – von menschlichen Robotern bis zu mächtigen Computersystemen – und verschiedener technologischer Anwendungen ausloten, bevor am Ende des Kapitels noch auf das Cyberpunk-Genre eingegangen wird. Dazu sind zunächst die Fragen zu klären, woher der Begriff Künstliche Intelligenz stammt und wie er mit der Science-Fiction verknüpft ist.

2.1 Zum Begriff Künstliche Intelligenz in Wissenschaft und Fiktion

Wann der Begriff »Künstliche Intelligenz« entstand, lässt sich genau festmachen: Im Jahr 1956 luden die vier Technik-Pioniere John McCarthy, Marvin Minsky, Nathaniel Rochester und Claude Shannon zu einem Sommer-Workshop unter dem Titel »Dartmouth Summer Research Project on Artificial Intelligence« ein. Zu dieser Zeit bezeichnete der Begriff ein Forschungsgebiet der Informatik mit dem Ziel, Maschinen zu entwickeln, die sich in einer Weise verhalten, »that would be called intelligent if a human were so behaving« (zitiert nach Press 2016). Über die Jahre hat sich allerdings gezeigt, dass Computern und Robotern gerade schwerfällt, was Menschen leichtfällt, und umgekehrt. Dieser Befund ist als »Moravec'sches Paradox« nach dem Wissenschaftler und Futuristen Hans Moravec benannt, der beispielsweise 1988 schrieb:

> »It is comparatively easy to make computers exhibit adult level performance on intelligence tests or playing checkers, and difficult or impossible to give them the skills of a one-year-old when it comes to perception and mobility«. (Moravec 1988: 15)

Die erfolgreichste KI-Methode ist derzeit das »Maschinelle Lernen«, d.h. das Erkennen und Erlernen von Mustern in großen Datenmengen durch künstliche neuronale Netze; sind mehrere Ebenen von neuronalen Netzen hintereinandergeschaltet, z.B. bei der Bild- oder Spracherkennung, spricht man von »Deep Learning« (Eberl 2018). Der enorme Durchbruch der Methode in den letzten zehn Jahren basiert auf der Steigerung der Rechenleistung und Speicherkapazität von Computern sowie der im Zuge der Digitalisierung verfügbaren großen Datenmengen

(»Big Data«), mit denen die neuronalen Netze trainiert werden (Eberl 2016). Generell verspricht man sich durch die Entwicklung und den Einsatz von KI-Systemen Effizienzsteigerung, Automatisierung sowie Prozess- und Prognoseoptimierung, sei es in der Medizin, Mobilität, Logistik, industriellen Fertigung oder der Landwirtschaft. Doch der schwammige Begriff lädt auch dazu ein, die Technik zu mystifizieren und zu überschätzen (Kaltheuner 2021).

Der Begriff KI wird auch für Einsatzgebiete der Robotik verwendet, wenn die Steuerung der Roboter mit KI-Methoden arbeitet. Der Begriff Roboter, verstanden als Maschinen, die dem Menschen Arbeit erleichtern oder abnehmen, kommt tatsächlich aus der Science-Fiction: In Karel Čapeks tschechischem Theaterstück *R.U.R.* aus dem Jahr 1920 werden vom Menschen geschaffene Arbeitssklaven als »Roboti« bezeichnet.[15] Unter den Begriff Künstliche Intelligenz fällt mittlerweile auch die Kybernetik; Norbert Wiener prägte diesen Terminus Mitte des 20. Jahrhunderts für die Wissenschaft von der Steuerung und Regelung von Maschinen und deren Analogie zum Verhalten von lebenden Organismen und sozialen Organisationen (Wiener 1948). Aus dem englischen »Cybernetics« entstand die Verkürzung »Cyber«, die für Virtual-Reality und Computeranwendungen verwendet wird wie beispielsweise auch im Begriff »Cyberspace«. Dieser Begriff wurde wiederum von dem Science-Fiction-Autor William Gibson popularisiert, der zudem ein Vertreter des Science-Fiction-Genres »Cyberpunk« ist. Auch Mischwesen aus Mensch und Maschine werden sowohl in der Science-Fiction als auch in der Realität als »Cyborgs« (Cybernetic Organism) bezeichnet. Gleichwohl ist gegenwärtig »Künstliche Intelligenz« im allgemeinen Sprachgebrauch der Oberbegriff, unter dem alle möglichen Computer-, Maschinen- und Roboteranwendungen zusammengefasst werden können.[16]

Das gilt auch für die Science-Fiction. Als KI werden intelligente Computersysteme wie beispielsweise »Skynet« aus dem *Terminator*-Franchise (seit 1984) genauso bezeichnet wie zumeist menschenähnliche Roboter wie eben der Terminator bzw. das »T-800-Modell« selbst. Um etwas Ordnung in den Einheitsgebrauch von KI zu bringen, unterscheiden Irsigler und Orth (2018) zwischen »Körper-KI« und »Hyper-KI« in Science-Fiction-Filmen (was natürlich genauso für Literatur etc. gelten kann). Demnach versteht man unter Körper-KI,

> »dass ein Roboter oder ein anderes künstlich hergestelltes Wesen ein eigenes Bewusstsein implementiert bekommt oder selbstständig aus- und weitergebildet hat. Eine solche »Körper-KI«, wie sie etwa der Replikant Roy Batty aus Ridley Scotts »Blade Runner«, der Roboterjunge David aus Steven Spielbergs »A.I. – Artificial Intelligence« oder Ava aus Alex Garlands »Ex Machina« besitzen, ist demnach körpergebunden, es handelt sich um menschenähnliche Entitäten. Typisches Handlungsmuster für entsprechende Filme ist, dass diese technisch erzeugten Wesen die Intention haben, humaner zu werden.« (Irsigler/Orth 2018: 39, 40)

Hier werden mit den Replikanten aus den *Blade-Runner*-Filmen (seit 1982) auch künstlich hergestellte Wesen organischen Ursprungs einbezogen. Das macht durchaus Sinn, denn die mit ihnen aufgeworfenen sozialen und ethischen Fragen sind in vielen Fällen sehr ähnlich, unabhängig davon, ob die menschenähnliche Gestalt technisch oder biologisch hergestellt ist. Insbesondere die Körper-KI ist ein »vehicle for exploring issues of gender, race, and a variety of forms of Otherness« (Telotte 2016: 3).[17] Ergänzen lassen sich Assistenzroboter, die körpergebunden, aber nicht menschlich sind und auch nicht danach streben, ein Mensch zu werden. Allerdings werden sie in ihrem Aussehen und Verhalten auch anthropomorphisiert, also vermenschlicht, wenn nicht gar verniedlicht. Dazu zählen R2D2 aus *Star Wars* (seit 1977), Hewey aus *Silent Running* (1972) oder Wall:E aus dem gleichnamigen Animationsfilm (2008).

Im Gegensatz zur Körper-KI bezeichnet die »Hyper-KI« Technologien,

> »die körperlos und somit körperungebunden sind und sich nicht nur dadurch »über« die Menschheit erheben. Sie sind nicht an die Grenzen eines menschenähnlichen Körpers gebunden und versuchen zumeist, aus unterschiedlichen Motiven, die Kontrolle über die Menschen zu erlangen.« (Irsigler/Orth 2018: 40)

Eng mit der »Hyper-KI« verbunden bzw. deren Vorstufe sind diverse Assistenzsysteme, wie sie häufig in der Form von Bordcomputern vorkommen, beispielsweise im *Star-Trek-* (seit 1966) oder *Alien*-Franchise (seit 1979). Künstliche Intelligenz deckt also in der Science-Fiction wie im allgemeinen öffentlichen Diskurs ein breites Spektrum von Maschinen, Computersystemen, Robotern und künstlichen Kreaturen ab.

Fiktionale Geschichten darüber, dass Menschen künstliche Kreaturen und Automaten für allerlei Zwecke erschaffen, kennt man in Europa schon seit der griechischen Antike (Cave/Dihal 2018). Bereits Homer beschreibt, wie der Schmied Hephaistos lebendig wirkende Assistenten aus Gold schuf, was durchaus an C-3PO aus *Star Wars* erinnern kann. In der jüdischen Mystik findet sich der Golem, der – aus Lehm geschaffen – eine Beschützerfunktion ausüben soll, dann aber zur Bedrohung wird. In E.T.A. Hoffmanns »Schauerroman« *Der Sandmann* von 1817 verliebt sich der Protagonist Nathanael in die Holz-Automate Olimpia und wird darüber verrückt. Doch es ist Mary Shelleys 1818 erschienener Gothic-Roman *Frankenstein*, der wegen seiner Verbindung zum wissenschaftlichen Zeitgeist allgemein als eines der ersten Werke der Science-Fiction gilt (siehe Abschnitt 1.1).

Seither drücken sich Fiktionen, die sich mit der wissenschaftlich begründeten Erschaffung künstlicher Lebewesen befassen, im Genre der Science-Fiction aus – und mit der realen technologischen Entwicklung ab dem 20. Jahrhundert vor allem durch Computer und Roboter (Klotz 2021). Doch jenseits der eurozentristischen Sicht haben sich auch die Kulturräume Asiens, Afrikas und Lateinamerikas schon lange fiktionale Maschinen vorgestellt, bevor es tatsächlich möglich wurde, Roboter und Computer herzustellen; diese Fiktionen werden beispielsweise durch das Global AI Narratives Forschungsprojekt gesammelt und erforscht.[18]

Die fiktionalen KIs werden in der Regel vor dem Hintergrund aktueller Entwicklungen wissenschaftlich und technisch plausibilisiert: Skynet aus dem *Terminator*-Franchise beispielsweise basiert ursprünglich auf einem künstlichen neuronalen Netz, das von dem Unternehmen »Cyberdyne Systems« entwickelt wurde. Science-Fiction als Teil von »KI-Narrativen« komme daher kulturprägende Bedeutung bei der Auseinandersetzung mit neuen wissenschaftlichen Erkenntnissen und Anwendungen zu (The Royal Society 2018: 4–5).[19] Dabei spiegeln KI-Narrative den beiden Wissenschaftler*innen Stephen Cave und Kanta Dihal zufolge unsere Hoffnungen und Ängste gegenüber intelligenten Maschinen; darüber hinaus hätten sie Einfluss auf die Entwickler*innen und die Forschungsagenda von KI, die öffentliche Akzeptanz sowie die politischen Entscheidungsträger*innen und Regulierungsansätze (Cave/Dihal 2019: 74). Irsigler und Orth schreiben in diesem Zusammenhang, dass Fiktionen mehrheitlich als Warnungen vor einer unkontrollierbaren Technik dienten und »Teil eines gesamtgesellschaftlichen Diskurses über Künstliche Intelligenz [seien], der auf ähnliche Art und Weise von arrivierten Wissenschaftlern geführt wird« (Irsigler/Orth 2018: 44). Man kann also behaupten, dass die Science-Fiction hier auf der linken Seite des Kontinuums eine Art Technikfolgenabschätzung oder Wissenschaftskommunikation hinsichtlich KI darstellt.

Doch die KI-Trope in der Science-Fiction als Teil des Megatexts muss nicht unbedingt mit den realen Chancen und Risiken der Technologie übereinstimmen, sondern stellt zunächst einmal ein künstlerisches und dramaturgisches Mittel dar (Hermann 2020b). So drehen sich die mit der KI-Trope verbundenen Ängste häufig um einen Konflikt zwischen Menschen und Maschinen, ein Phänomen, welches Isaac Asimov als »Frankenstein-Komplex« bezeichnet hat: als den menschlichen Wunsch, eine künstliche Kreatur zu schaffen, bei gleichzeitiger Angst, dass diese Kreatur zu einer Bedrohung wird (Pilkington 2017: 77–80). Und die Geschichte über ein KI-System wie Skynet, das die Menschheit in der Zukunft unterjocht, ist einfach spannender als eine Erzählung über – beispielsweise – die computergestützte Optimierung von globalen Lieferketten. Damit dieser Konflikt entstehen kann, verfügt die Science-Fiction-KI oft über Autonomie, Intentionalität und/oder Bewusstsein. Doch selbst wenn es sich um eine wohlwollende KI handelt, die sich mit den Menschen anfreunden oder die Menschheit beschützen will, braucht sie Akteursqualitäten. Dass dies wenig mit der Realität zu tun hat, zeigt sich in Filmen schon allein daran, dass sie – egal ob Körper-KI oder Hyper-KI – meistens von Menschen gespielt, gesprochen oder bedient wird: In *Terminator* wird das T-800-Modell von Arnold Schwarzenegger verkörpert, Skynet wird in *Terminator Salvation (2009)* von Helena Bonham Carter repräsentiert. Die Darstellung ist oft mit Visual Effects verbunden oder es handelt sich um vollständig computergenerierte Figuren wie Sonny aus *I, Robot.* Hier lässt sich auch von »cinematic science« sprechen (Telotte 1995: 8), also nicht von realer Wissenschaft, sondern von dem technischen Know-how, das nötig ist, um die fiktionale KI-Trope zum Leben zu erwecken. All dies wird gemacht, um die Illusion einer autonomen KI wahr werden zu lassen, um menschliche Dramen erzählen zu können.

Doch die Annahme einer Science-Fiction-KI, die einen eigenen Willen entwickeln kann, verdeckt die Tatsache, dass KI – wie jede andere Technik auch – Teil eines »soziotechnischen Systems« ist, in dem Menschen die Akteure sind (Sartori/Theodorou 2022). Das Ernstnehmen einer Science-Fiction-KI zahlt auf ein Phänomen ein, das als »sociotechnical blindness« bezeichnet werden kann, »that hides the essential role played by humans at every stage of the design and deployment of an AI system« (Johnson/Verdicchio 2017: 575). »Soziotechnische Blindheit« findet man in öffentlichen und Mediendiskursen wie auch in Diskursen unter Wissenschaftler*innen und Unternehmer*innen, immer, wenn KI als etwas dargestellt wird, das autonom etwas tut, obwohl Menschen dahinterstehen und etwas mit dem KI-System tun (Leufer 2020).[20] Hierdurch werden die Interessen, Verantwortlichkeiten und die Gestaltungsmacht von Menschen verschleiert, was besonders in sensiblen Einsatzbereichen von KI-Systemen wie bei der Entscheidung über Kreditwürdigkeit, Sozialleistungen oder Schulnoten bedenklich sein kann (O'Neil 2016). Nimmt man autonome Science-Fiction-KIs zu ernst, kann das also von den realen Herausforderungen rund um den Einsatz von KI ablenken (Hermann 2020a).

Doch viel öfter kann man im Sinne des Science-Fiction-Kontinuums intelligente Maschinen auf der rechten Seite als Projektionsfläche für ethische, soziale und politische Fragen verorten, die über die konkrete Technik hinausgehen. Analysen, inwiefern die Darstellung von KI in der Fiktion Hoffnungen und Ängste gegenüber der Technik ausdrückt, sehen über den wichtigen Punkt hinweg, dass die KI-Trope in der Science-Fiction in erster Linie keine Geschichten *über* Technik, sondern Geschichten für Menschen *mit und durch* Technologie erzählt. Dafür eignet sich KI hervorragend, weil auf die Technik alle möglichen ethischen oder gesellschaftlichen Problemstellungen projiziert werden können (ebd.). Dabei ist es kein Widerspruch, sondern gerade das Spannende, dass Maschinen ständig in unserer Alltagswelt vorkommen, aber in der Science-Fiction metaphorisch umgedeutet werden (Roberts 2010: 146). In den folgenden Kapiteln wird an ausgewählten Beispielen verschiedener KI-Darstellungen die Bandbreite des Science-Fiction-Kontinuums genauer ausgeleuchtet.

2.2 Die Asimov'schen Robotergesetze

Immer wieder werden die »Robotergesetze« des Science-Fiction-Autors Isaac Asimov als Leitfaden bzw. Inspiration für eine »ethische Künstliche Intelligenz« herangezogen, also um »auf der Grundlage von Computertechnologie Maschinen zu gestalten, die selbst moralische Entscheidungen treffen und umsetzen können« (Misselhorn 2018: 29). Die Asimov'schen Robotergesetze »gehören zu den berühmtesten und in der Robotik und KI-Forschung bis in die Gegenwart gerne als Gedankenexperiment genutzten Beispiele für top-down zu programmierende Regel-Sets« (Loh 2017). Besonders auch wenn es um militärische KI-Anwendungen geht, werden die »three laws of robotics« regelmäßig »as serious proposals on how to programme future military autonomous weapons« (Franke 2018) diskutiert. In seiner Abhandlung zu autonomen Waffensystemen und zukünftiger Kriegsführung *Army of None* (2018) nimmt Paul Scharre beispielsweise an drei Stellen auf Asimovs Robotergesetze Bezug (Scharre 2018). Asimov hatte in seiner Kurzgeschichte *Runaround* aus der Sammlung *I, Robot* aus den 1940er Jahren zunächst drei Robotergesetze aufgestellt (Asimov 2004 [1950]: 37):

- First Law: A robot may not injure a human being or, through inaction, allow a human being to come to harm.
- Second Law: A robot must obey the orders given it by human beings except where such orders would conflict with the First Law.
- Third Law: A robot must protect its own existence as long as such protection does not conflict with the First or Second Law.[21]

Mit den durch die Gesetze gesicherten Robotern wollte Asimov dem von ihm so bezeichneten »Frankenstein-Komplex« – der menschlichen Angst vor künstlichen Kreaturen – etwas Positives entgegenstellen (Asimov 1990: 6). Seine fiktive Roboterpsychologin Dr. Susan Calvin setzt zu Beginn der Robotergeschichten den Ton: »There was a time when humanity faced the universe alone and without a friend. Now he has creatures to help him; stronger creatures than himself, more faithful, more useful, and absolutely devoted to him. Mankind is no longer alone« (Asimov 2004 [1950]: xi). Die Roboter werden also von Asimov grundsätzlich als wohlwollende Partner der Menschen gedacht, die helfen, die Menschheit zu schützen und zu führen. Doch sind die fiktiven »Gesetze« für Maschinen eine ernst gemeinte Idee, die sich auch umsetzen lässt?

Würde man die drei Robotergesetze als eine Art Anleitung verstehen, müssten KI und Roboter so entworfen werden, dass sie als Erstes Menschen vor Schaden bewahren, als Zweites menschlichen Befehlen gehorchen und als Drittes sich selbst beschützen. So gut, einfach und logisch diese hierarchische Anordnung klingen mag, in den Geschichten kommen die Roboter in skurrilen Situationen ständig mit den Robotergesetzen und ihren unbeabsichtigten Konsequenzen in Konflikt. Entweder ist die Definition, was ein »Mensch« ist, oder was man unter »Schaden« versteht, nicht eindeutig, oder die Gesetze geraten untereinander in nicht auflösbare Widersprüche. In der Kurzgeschichte

Liar! (Asimov 2004 [1950]: 91–111) belügt ein Roboter Susan Calvin, weil er sie nicht emotional verletzen will, gleichzeitig aber ihrem »Befehl« nach Auskunft Folge leisten muss; mit der Tatsache konfrontiert, dass er durch Lügen viel mehr Schaden anrichtet als durch die Wahrheit, wird der Roboter katatonisch. In diesen früheren Werken muss die fiktive Roboterpsychologin häufig einspringen, um die Verwicklungen und Verstrickungen, die durch die Robotergesetze entstehen, wieder zu entwirren. Der Robotiker und ehemalige Direktor des MIT Computer Science and Artificial Intelligence Laboratory, Rodney Brooks, schreibt hierzu: »At first sight the laws seem innocuous and plain common sense. However, upon closer examination, they turn out to be very subtle. Of course, Asimov knew this as he played on that subtelity for his plots« (Brooks 2002: 73). Die Robotergesetze sind demnach ein erzählerisches Mittel, um die Geschichten voranzutreiben. Nach der Logik des Plots können sie gar nicht funktionieren, weil sie die Dramaturgie, Konflikte und Paradoxien erzeugen, welche die Handlung für die Leser*innen erst spannend machen. Asimov schreibt Stories, die die Menschen fesseln sollen, keine technische Bauanleitung.

Das Science-Fiction-Novum, das es bei Asimov ermöglicht, die Roboter überhaupt handlungsfähig zu machen, ist das sogenannte »positronische Gehirn«, die zentrale Recheneinheit der Roboter, in der die drei Gesetze einprogrammiert sind. Es ist freilich Fantasie und existiert ebenso wenig wie beispielsweise eine Zeitmaschine. Der Name geht auf das 1932 nachgewiesene Elementarteilchen »Positron« zurück – ein positiv aufgeladenes Elektron –, das zwar technisch nichts mit Robotik zu tun hat, der fiktiven Asimov'schen Positronik aber den futuristischen Anstrich verlieh (Pilkington 2017: 113, 114). Dass Asimov auch ein technisch versierter Naturwissenschaftler war, macht seine Robotergesetze dabei nicht anwendbarer, sondern seine Fiktionen besser. Doch neben dem Bestreben, gute Geschichten zu schreiben, wollte Asimov gerade zeigen, dass der Versuch, Ethik überhaupt in Form von spezifischen Regeln zu programmieren, zum Scheitern verurteilt ist (Schäffer 2021). Die Technikphilosophin Janina Loh schreibt über die Schwierigkeiten der Programmierung von »Top-down-Regelwerken«:

> »Zum einen sind Regeln oder gar einzelne Begriffe nur (wenn überhaupt) reduziert implementierbar. Ihre Interpretation ist kontextsensitiv. Die Programmierung ist jedoch auf eine (oder mehrere) eindeutige Interpretationen angewiesen. Zum anderen kann ein Konflikt zwischen den einzelnen Regeln auftreten. [...] Also: Je konkreter die Formulierung der moralischen Prinzipien, desto eher ist das künstliche System in der Lage, einen Fall in der Praxis unter das Prinzip zu subsumieren. Aber: Je konkreter besagte moralische Prinzipien, desto größer ist die Gefahr des Regelkonflikts. Es fehlt bei einem reinen Top-down-Ansatz das, was man ›gesunden Menschenverstand‹ nennt.« (Loh 2017: 26, 27)

Die Robotergesetze als Trope der Science-Fiction halten uns einen Spiegel vor, wie komplex das echte Leben mit seinen Herausforderungen ist. Wie so oft wird in der Science-Fiction auf ein Problem hingewiesen, nicht auf dessen Lösung. Die Robotergesetze dienen als Gedankenexperiment, um zu zeigen, dass sich ethische Regeln gerade nicht einfach in Gesetze gießen lassen, die in der Realität anwendbar sind. Das zwingt uns dazu, über unser eigenes menschliches Handeln nachzudenken. Wenn wir die Möglichkeit ethischer Maschinen, wie sie Asimov vorschlägt, ernst nehmen, verschleiert dies, dass hinter den Maschinen menschliche Konzepte und Interessen stehen. Ethische Fragen der realen Anwendung von KI ergeben sich jedoch aus dem Zweck, für den sie von Menschen eingesetzt werden, und daraus, wie sie in sozialen Kontexten funktionieren. Der »Facebook-Algorithmus«, nach dem berechnet wird, welche Nachrichten den

Nutzer*innen auf der Social Media Plattform angezeigt werden, trägt schließlich nicht zur politischen Polarisierung bei, weil er »böse« ist, sondern weil er genau das tut, wofür er konzipiert wurde: Der Algorithmus maximiert Facebooks Werbeeinahmen, da Menschen länger auf der Website bleiben, je stärker die Nachrichten polarisieren (Grover 2022). Insbesondere bei militärischen KI-Anwendungen muss die Frage nach Peter Singer, Senior Fellow beim Think-Tank New America, nicht lauten, ob man Asimovs Gesetze anwenden könne, um »moralische Maschinen« zu bauen, sondern »we need to start wrestling with the ethics of the people behind the machines« (Singer 2009), also welche Maschinen von wem zu welchem Zweck eingesetzt werden. So komme ein Großteil der Mittel für die Roboterforschung vom Militär, um genau das Gegenteil von Asimovs Gesetzen zu tun: »It explicitly wants robots that can kill, won't take orders from just any human, and don't care about their own existences (ebd.)«. In diesem Sinne kann es nicht darum gehen, »ethische Maschinen« zu bauen, sondern das Ziel muss vielmehr sein, internationale Rahmenbedingungen für den Einsatz von autonomen Waffen zu schaffen (Scharre 2018: 340–344).

Eine weitere Dimension, um sich mit Robotern als Projektionsfläche an menschlichen ethischen Konzepten abzuarbeiten, spannt Ian McEwan in seinem Roman *Machines Like Me* (2019) auf. Die Handlung spielt in einer alternativen und technisch fortgeschrittenen Vergangenheit in den 1980er Jahren, in welcher der Computerpionier Alan Turing noch lebt und hochentwickelte menschliche Roboter zum Kauf angeboten werden. Charlie, ein Loser-Typ in seinen Dreißigern, kauft sich mit seinem Erbe eines der wenigen Roboterexemplare namens Adam, ein bis auf die Haare in der künstlichen Haut detailgetreuer Nachbau eines menschlichen Mannes, der doch nicht ganz menschlich wirkt. In Adams Betriebsanleitung findet sich auch Asimovs erstes Robotergesetz, wobei nicht weiter erklärt wird, wie es sich manifestiert. Im Laufe der Geschichte entpuppt sich Adam als sturer Prinzipienreiter, der Wahrheit und Rechtsstaatlichkeit über ein Gefühl von Gerechtigkeit und das Wohl der ihm nahestehenden Personen stellt und dafür menschliches Leid in Kauf nimmt. Damit konfrontiert, dass Wahrheit nicht alles sei, antwortet Adam: »Of course, truth is everything [...] What sort of world do you want? Revenge or the rule of law. The choice is simple« (McEwan 2019: 277). Am Ende des Buchs erklärt der betagte Alan Turing, wie schwer es sei, einer KI Regeln fürs Leben zu geben. Ein generelles Verbot von Lügen würde dem echten Leben nicht gerecht, in dem es vor harmlosen oder hilfreichen Unwahrheiten – den »little white lies« – nur so wimmle. Doch wie sollte man einen Algorithmus schreiben, wie einer Maschine beibringen, welche Lügen erlaubt sind? Adam steht zwar für menschliche Werte und Normen, bleibt aber unmenschlich, weil er deren kontextabhängige Übertretung oder Verwerfung nicht einmal in Betracht ziehen kann. Er ist unfähig zur Empathie und Abweichung. Laut dem Philosophen Markus Gabriel, der sich in seinem Buch *Der Sinn des Denkens* (2019) auch mit Künstlicher Intelligenz auseinandersetzt, ist es

> »unsere evolutionäre Stärke, dass wir nicht perfekte logische Maschinen sind, sondern emotional abweichen und nur auf diese Weise überhaupt Relevanzkriterien in unser Leben bringen können. Die Logik ist eine normative Disziplin, die beschreibt, wie wir unter idealisierten Bedingungen denken sollten. So denken wir aber nicht. [...] Das heißt, die Normabweichung ist die Manifestation unserer Freiheit. Ohne diese Abweichung, ohne den Bruch der Regel gäbe es gar keine Freiheit. Das heißt, unsere Fehler sind der Ort, an dem sich unsere Freiheit manifestiert.« (Rabhansl 2019)

Für den fiktiven Alan Turing in *Machines Like Me* ist Charlie der Unmensch, weil er Adam für sein Handeln den Schädel mit einem Hammer eingeschlagen hat:

> »My hope is that one day, what you did to Adam with a hammer will constitute a serious crime [...] You weren't simply smashing up your own toy, like a spoiled child. You didn't just negate an important argument for the rule of law. You tried to destroy a life. He was sentient. He had a self [...]«. (McEwan 2019: 303)

Werden Roboter also wirklich zu Menschen und brauchen demnach auch eine menschliche Behandlung? Oder stehen ihnen am Ende sogar Rechte zu?

2.3 Roboter als Spiegel menschlicher Wertvorstellungen

Man kann die Darstellung von humanoiden Robotern in der Science-Fiction so verstehen, als würden hier schon einmal Szenarien für eine Zeit durchgespielt, in der wir tatsächlich künstliche Kreaturen mit einem Bewusstsein erschaffen. Ein Beispiel ist Steven Spielbergs Film *A.I. – Artificial Intelligence* (2001), der auf der Kurzgeschichte *Supertoys Last All Summer Long* (1969) von Brian Aldiss basiert. Der Film spielt im 22. Jahrhundert in einer Welt, in der menschenähnliche Roboter namens »Mechas« hergestellt werden, um den Menschen in verschiedenen Bereichen zu Diensten zu sein. Zunächst haben sie keine Emotionen bzw. können diese nicht simulieren, doch ein neues Modell, das wie ein menschliches Kind aussieht, braucht nach seiner »Prägung« auf eine bestimmte Person »Liebe«. Ein Paar erhält einen solchen Roboterjungen – David –, weil der leibliche biologische Sohn wegen einer Krankheit ins Koma versetzt wurde. David wird auf seine neue Mutter geprägt; als der »echte« Sohn jedoch überraschend geheilt wird, wird der nicht mehr ins Familienbild passende David wie ein nicht mehr gebrauchtes Spielzeug ausgesetzt. Er begibt sich auf die abenteuerliche Suche nach der »Blauen Fee« in der Hoffnung, dass diese ihn in einen echten Jungen verwandelt und er so die Liebe seiner menschlichen Mutter wiedererlangen kann. David gewinnt das Mitleid der Zuschauer*innen, schließlich wird er von einem echten Kinderdarsteller gespielt, der im Film nicht von den anderen menschlichen Jungen zu unterscheiden ist. Man kann den Film also in der Richtung deuten, dass er den Weg hin zu Roboterrechten in der Zukunft weist (Chu 2010: 214–244). Doch vielmehr erzählt der Film als düsteres Pinocchio-Remake eine menschliche Geschichte über »primal fear of abandonment throbbing through Spielberg's work« (Newton 2016), die in der Tradition von christlich geprägten Erzählungen steht, in denen der Held viele Entbehrungen ertragen muss, bevor er im Angesicht des Todes erlöst wird – und so bleibe der Film »eher die filmisch verarbeitete melodramatische Sehnsucht nach Leid und Auferstehung als eine realistische und ernst zu nehmende Einschätzung des Status von Robotern« (Nida-Rümelin/Weidenfeld 2018: 31).

Wenn man die Darstellung von Robotern in der Science-Fiction als Kreaturen mit Bewusstsein ernst nimmt, muss dem die Annahme vorausgehen, dass diese Kreaturen bereits wie Menschen denken und fühlen. Da die Roboter in Filmen körperlich und emotional eben schon tatsächlich als Menschen verkörpert werden, gesteht man ihnen Akteursqualitäten zu, die bei real existierenden Robotern gar nicht vorhanden sind. Denn auch wenn es schon sehr menschlich aussehende Roboter in allen Facetten gibt (Beispiele sind Sophia von Hanson Robotics, Ameca von Engineered Arts oder diverse Androiden des Robotikers Hiroshi Ishiguro), sind Maschinen und Computer – auch wenn sie mit einem menschlichem Antlitz ausgestattet sind – nichts weiter als technische Artefakte, »kein Gegenüber, sondern ein Werkzeug, weit komplexer zwar als eine Schaufel und manche menschlichen Fähigkeiten bei Weitem übertreffend, aber eben doch nur eine physikalisch beschreibbare Apparatur ohne Wünsche und Überzeugungen« (Nida-Rümelin/Weidenfeld 2018: 28). Roboter mögen Emotionen simulieren und einen »Companion« mimen, so dass der Eindruck entstehen kann, sie seien bewusste und fühlende Wesen, aber sie werden von Entwicklern genau zu diesem Zweck designt, wie im Falle des Dialogprogramms LaMDA.[22]

Mehr als nur einen Blick in die Zukunft, um den Umgang mit lebendigen Maschinen zu üben, können humanoide Roboter in Filmen zeigen, was als menschlich oder erstrebenswert begriffen wird und in welches Wertesystem wir eingebettet sind. Ein weiteres Beispiel dafür ist der Film *Bicentennial Man* (1999), der auf einer Geschichte von Isaac Asimov aus dem Jahr 1976 basiert, die wiederum thematische Ähnlichkeiten mit *Helen O'Loy* (1938) von Lester del Rey aufweist. Im Film kommt der Serienroboter Andrew[23] im Jahr 2005 zur Familie Martin, um Haushalts- und Wartungsaufgaben zu übernehmen – er ist natürlich nach den Asimov'schen Robotergesetzen programmiert. Andrew, der sich zunächst ganz blechern präsentiert, möchte unbedingt komplett menschlich werden und wird so zur Blaupause, was Menschsein bedeutet. Zunächst ist das Kreativität; denn obwohl es nicht in seiner Programmierung angelegt ist, schnitzt Andrew Holzfiguren und wird Uhrmacher. Er strebt nach Unabhängigkeit, nach menschlichem Aussehen und menschlichen Sinnen, nach der Fähigkeit, Emotionen auszudrücken – verliebt sich sogar in die menschliche Frau Portia. Doch die offizielle Anerkennung als Mensch wird ihm verwehrt, bis er sich so umbauen lässt, dass er sterblich wird. Kurz vor seinem Tod im Jahr 2205 wird er endlich vom »Weltkongress« als Mensch anerkannt und darf Portia noch offiziell heiraten. *Bicentennial Man* zeigt weniger, unter welchen Umständen man einer Maschine tatsächlich Rechte zukommen lassen sollte, sondern der Film führt am Beispiel von Andrew vielmehr zwei Aspekte vor: zum einen eine Emanzipationsgeschichte, die als Parabel für Menschen gelten kann, die unter Bedingungen arbeiten, in denen sie nicht wie Menschen, sondern wie Roboter behandelt werden und stumpfsinnigen Arbeiten nachgehen müssen (Kakoudaki 2014); zum anderen, was im Sinne der Filmschaffenden aus Hollywood unter Menschsein zu verstehen ist, nämlich individueller sozialer Aufstieg durch innere und äußere Anpassung, der gekrönt wird durch eine offizielle Heirat und den Tod nach einem langen und anständigen Leben.[24] Bei Robotern, die als Menschen dargestellt werden und von sich aus so menschlich wie möglich werden wollen, schwingt immer auch – zumindest im westlichen Kulturkreis – der Glaube mit, dass der Mensch das Paradigma für höchste Intelligenz sei (The Royal Society 2018: 8).

Auch der Androide Data aus dem *Star-Trek*-Franchise – »Asimov's dream of a positronic brain come true«[25] – möchte so menschlich wie möglich werden und lässt sich, um dieses Ziel zu erreichen, sogar einen Emotionschip einsetzen. Doch Data dient auch als Spiegel der humanistischen modernen Werte von *Star Trek* (Barrett/Barrett 2001: 87). Das kommt insbesondere in der Folge *The Measure of Man* (1989) aus *Star Trek: The Next Generation* zum Tragen. Darin steht zur Debatte, ob Data das Eigentum der »Starfleet« ist oder ob er selbst über seine Existenz bestimmen darf. Hintergrund ist, dass Data auf Befehl einem Kybernetik-Experten unterstellt wird, der seine Bauteile und Funktionen analysieren soll – was in der Herstellung weiterer Datas gipfeln könnte. Captain Picard ist sich der Tragweite möglicher Folgen zunächst nicht bewusst, bis er sich mit Guinan austauscht:

»GUINAN: Well, consider that in the history of many worlds there have always been disposable creatures. They do the dirty work. They do the work that no one else wants to do because it's too difficult, or to hazardous. And an army of Datas, all disposable, you don't have to think about their welfare, you don't think about how they feel. Whole generations of disposable people.
PICARD: You're talking about slavery«. (IMDb 2022b)

Am Ende wird per Gerichtsspruch entschieden, dass Data selbst bestimmen darf, was mit ihm geschieht. Er lehnt weitere Analysen fürs Erste ab – was zunächst die Erschaffung einer Sklavenrasse von Androiden verhindert. Das Thema wird in der Serie *Star Trek: Picard* (seit 2020) wieder aufgegriffen, wo die nun als Synths bezeichneten künstlichen Menschen in der Nachfolge von Data um ihre Anerkennung kämpfen.

Der Roboter als Sinnbild für menschliche Sklaven bietet sich schon allein wegen des Ursprungs des Wortes aus dem tschechischen Theaterstück *R.U.R.* aus dem Jahr 1920 an, wo die künstlich hergestellten und rechtlosen Arbeiter als »Roboti« bezeichnet werden. Am Ende rebellieren sie, vernichten sogar die Menschheit und gründen eine neue, bessere Spezies. Mehr als die tatsächliche Angst vor der Übernahme der Welt durch Roboter, ist das Stück eine Kritik an der Ausbeutung von Arbeiter*innen im Zuge der Industrialisierung und ihrer Unterwerfung unter maschinelle Produktionsbedingungen (Rhee 2018: 17f.).[26] So lässt sich anhand der Darstellung von Robotern in der Science-Fiction »a buried history of dehumanized, racialized labor« aufdecken (Vint 2020: 80). Für wen die Roboter als Arbeitssklaven konkret stehen, liegt im interpretierenden Auge des Betrachters. Im US-amerikanischen Kontext spielen hier die reale Versklavung von Menschen afrikanischen Ursprungs und der fortdauernde institutionelle und gesellschaftliche Rassismus gegen Afroamerikaner bzw. People of Color eine Rolle. In einer Szene zeigt *A.I.*, wie ausrangierte Roboter von Menschen in einer Art Zirkusshow wegen einer »Andersartigkeit« oder »Minderwertigkeit« gequält, angezündet und getötet werden. So erscheint es eher sinnvoll, die grausame Behandlung der Mechas durch die Menschen »als Metapher (etwa für den Umgang mit afroamerikanischen Sklaven in der Historie) denn als realistische Darstellung eines missbräuchlichen Umgangs mit Robotern zu lesen« (Nida-Rümelin/Weidenfeld 2018: 30). Dem Thema »Hautfarbe« kommt in dem von Asimov inspirierten Film *I, Robot* (2003) ganz unmittelbar Bedeutung zu. Dort untersucht Police Detective Spooner den angeblichen Selbstmord des U.S.-Robotics-Gründers Alfred Lanning, in den der humanoide Roboter Sonny verwickelt ist, der – wie sich herausstellt – ein Bewusstsein entwickelt hat und schließlich aus seiner Rolle als Arbeitssklave ausbricht. Sonny ist sprichwörtlich »weiß«, während die Rolle des Detective Spooner, der zunächst eine große Abneigung gegen Roboter aller Art verspürt, von dem dunkelhäutigen Will Smith verkörpert wird. Hier sind die »Hautfarben« der Sklaverei praktisch vertauscht, was den Film auch zu einem versöhnlichen Stück macht, da «[k]ey moments of the film [...] may be read as a parable of white antiracism, driven by an impulse of reconciliation between a ›unique‹ white robot and a black detective« (Brayton 2008: 72).

Bemerkenswert ist, dass die Roboter in Filmen häufig von Menschen mit »weißer« Hautfarbe oder Identität verkörpert werden (Cave/Dihal 2020), auch wenn sie als Projektionsfläche für ausgegrenzte und marginalisierte Gruppen stehen, die gerade nicht »weiß« sind. Dass die farblich und ethnisch »weiße« KI im Film allerdings im Sinne der »Critical Whiteness Studies« per se eine technische Überlegenheit von »Weißsein« darstellt, scheint die fiktive KI etwas zu ernst zu nehmen, weist sie doch eher auf einen Mangel an Diversität bei der Besetzung von Filmrollen in Hollywood und anderen Filmindustrien hin. Mehr als die zukünftige »weiße« KI zeigen die Filme eine weiterhin existierende Diskriminierung in der Filmindustrie. Mit Fortschritten in diesem Bereich in den letzten Jahren werden die künstlichen Menschen in neueren Serien wie die Zylonen in *Battlestar Galactica* (2004–2010), die Hosts in *Westworld* (2016–2022) sowie die Hubots in *Real Humans* und die Synths in *Humans*[27] auch von Schauspieler*innen unterschiedlicher ethnischer Herkunft gespielt. Dabei lassen sich etwa die menschenähnlichen Hubots als tatsächliche Auseinandersetzung mit der Technik lesen, sie »sind intentional aber auch so angelegt, dass sie als ›Andere‹ im Sinne von Immigranten gelesen werden können und abbilden, wie eine Gesellschaft auf das ihr Fremde reagiert und mit dem möglichen Verlust tradierter Werte und Identitäten umgeht« (Hamrell 2017: 99).

Auch lädt die fiktive KI in Form des Roboters dazu ein, sie als Platzhalter für ethische Bedenken zu sehen, die explizit mit realer KI im Zusammenhang stehen. Nach den Kognitionswissenschaftlerinnen Abeba Birhane und Jelle van Dijk (2020:1) ist die Debatte über einen ethischen Status von Robotern

> »focused on first world problems, at the expense of urgent ethical concerns, such as machine bias, machine elicited human labour exploitation, and erosion of privacy all impacting society's least privileged individuals. We conclude that, if human being is our starting point and human welfare is the primary concern, the negative impacts emerging from machinic systems, as well as the lack of taking responsibility by people designing, selling and deploying such machines, remains the most pressing ethical discussion in AI«.

Von einem »Bias« spricht man im Allgemeinen, wenn ein KI-System falsche, unfaire oder gesellschaftlich unerwünschte Ergebnisse etwa aufgrund des zugrunde gelegten Modells oder der verwendeten Daten liefert (Eckhardt 2019). Es gibt unzählige Beispiele für Biases in algorithmischen Systemen, die sowieso schon weniger privilegierte oder marginalisierte Personengruppen schlechterstellen (O'Neil 2017). Dazu zählen die Software COMPAS, die in den USA eingesetzt wird, um Bewährungsstrafen festzulegen, und Menschen mit dunkler Hautfarbe aufgrund der festgelegten Kriterien systematisch benachteiligt (Hiller 2017), oder ein Algorithmus der britischen Schulbehörde, mit dem die Vergabe von Schulnoten automatisiert werden sollte und der Schüler*innen von reicheren Schulen prinzipiell bessere Noten zuteilte als jenen von ärmeren Schulen (Hermann 2021a). Eine Diskussion über den ethischen Umgang mit Maschinen lenkt nicht nur von der Problematik der Biases ab, sondern auch von den prekären Arbeitsbedingungen realer Menschen, die die Daten für KI-Systeme bereitstellen, indem sie Online-Aufgaben auf Plattformen wie Amazon Mechanical Turk oder die Moderation von gewalttätigen und missbräuchlichen Inhalten für soziale Plattformen übernehmen (Mühlhoff 2020). Ausgehend von der Überzeugung, dass es bei der ethischen Dimension von KI-Anwendungen um die Gewährleistung des sozialen Wohlergehens von Menschen im Bezug zur KI gehen sollte, nicht um das »Wohl« von Maschinen, sind unterdrückte Roboter bzw. Maschinen in der Science-Fiction gerade auch als Platzhalter für Menschen zu sehen, die durch KI benachteiligt werden.

2.4 Ex Machina und weibliche Roboter

Eine besondere Rolle nehmen »weibliche« Roboter mit Blick auf Geschlechterrollen ein, da sich an ihnen gesellschaftliche Frauenbilder abzeichnen. Ein viel diskutiertes Beispiel ist der Film

Ex Machina (2014). In dem Kammerspiel von Alex Garland kreiert der narzisstische Silicon-Valley-Erfolgsunternehmer und Tech-Geek Nathan die menschenähnliche Roboterfrau Ava. Ihr »Gehirn« ist nicht positronisch, sondern besteht aus einem bläulich schimmernden »structured gel« – das Novum, welches Avas hohe Entwicklungsstufe begründet – und wurde mit weltweiten Daten aus Handy-Interaktionen und Suchmaschinenanfragen, die Nathan illegal abgezapft hat, trainiert. Um zu prüfen, ob Ava ein Bewusstsein hat, lässt Nathan seinen schüchternen Mitarbeiter Caleb in sein schickes Privathaus inmitten der Wildnis einfliegen, um einen »reverse Turing Test« an Ava durchzuführen: Im Gegensatz zu dem von Alan Turing formulierten »Original-Test« weiß Caleb sehr wohl, dass Ava eine Maschine ist. Überzeugt sie ihn aber dennoch von ihrem Bewusstsein, hat sie den Test bestanden.[28] Was Caleb nicht weiß: Nathans eigentliches Kriterium als Beweis für Avas Bewusstsein ist, ob sie den Willen zur Freiheit hat und Caleb so zu manipulieren weiß, dass er ihr zur Flucht verhilft. Am Ende erweist sich Ava allerdings als beiden Männern überlegen, tötet Nathan und lässt Caleb eingeschlossen im Haus zurück, um mit dem eigentlich für Caleb vorgesehenen Hubschrauber zu entkommen. Hat sie den Test also mit Bravour bestanden, weil sie sich befreit hat?

Vordergründig ist der Film eine klassische Frankenstein-Komplex-Erzählung um den Konflikt zwischen Mensch und überlegener Maschine, »wo die Roboterfrau Ava zu Beginn dem Stereotyp des versklavten, unschuldigen Roboters entspricht, um sich am Ende des Films als Stereotyp des grausamen, kalten und bösen Roboters zu entpuppen« (Nida-Rümelin/Weidenfeld 2018: 13). Doch als ernst zu nehmende Warnung bzw. Technikfolgenabschätzung stößt der Film an seine Grenzen, beschwört er doch den Mythos einer Maschine mit Akteursqualitäten, als würden diese nach eigenem Willen handeln und nicht nach dem politischen und kommerziellen Interesse anderer Menschen. Auch die Figur des Nathan mit ihrem hypermaskulinen Narzissmus befeuert einen weiteren Mythos, nämlich den, dass große Egos ganz für sich allein große wissenschaftliche bzw. technische Fortschritte voranbringen.[29]

Ex Machina lädt zur Diskussion über reale Herausforderungen wie verantwortungsvolle Wissenschaft und Innovation über Datenschutz bis hin zur Bedeutung des Turing-Tests ein (Maynard 2018: 162). Doch in erster Linie erzählt der Film eine dramatische Geschichte, die ein menschliches Publikum mitreißen soll. Die Frage, die Caleb beantworten soll – ob Ava als Künstliche Intelligenz ein Bewusstsein hat –, wird zum Ausgangspunkt, um menschliche Aspekte rund um Macht und Manipulation in einem kammerspielartigen Gedankenexperiment aufs Äußerste zu treiben. Die Figur Ava stellt mit ihrem durchsichtigen Körper zwar einen Roboter dar – oder wie es der Visual Effects Supervisor Andrew Whitehurst ausdrückt: »She had to look, in a completely unambiguous way, like a machine« (Murphy 2015). Damit der Film aber funktioniert, müssen wir als Zuschauer sie genauso wie Caleb von Anfang an als Mensch wahrnehmen (Bishop 2015) – und so wird Ava selbstredend auch von einer menschlichen Schauspielerin verkörpert. Ihr roboterhaftes Aussehen ist kein Beispiel für technische Entwicklung, sondern zeigt die Qualität der visuellen Effekte und erfüllt die künstlerischen und erzählerischen Notwendigkeiten der Handlung (Hermann 2021b).

Wenn man die Figur Ava im Rahmen des Science-Fiction-Kontinuums betrachtet, ist sie weniger potenzielle Gefahr durch KI-Entwicklung als eine Studie über Frauenbilder und Geschlechterrollen. Die Prämisse von *Ex Machina* besteht nicht nur darin, eine »intelligente Maschine« zu erschaffen – Nathan baut ausdrücklich »weibliche« Maschinen als Sexobjekte. Avas Vorgängerinnen – allen voran Kyoko, die Nathan gar nicht erst mit der Fähigkeit zu sprechen ausgestattet hat – hat er offensichtlich als Dienerinnen und Sexsklavinnen benutzt.[30] Nach Nathans Anschauung ist Sexualität der grundlegende Antrieb für soziale Interaktion, ohne den kein Bewusstsein existieren könne. Seine Vorstellung von Sexualität ist dabei durch und durch mechanisch: »In between her legs, there's an opening, with a concentration of sensors. You engage them in the right way, creates a pleasure response. So if you wanted to screw her, mechanically speaking, you could. And she'd enjoy it.« (IMDb 2022c) Hinzu kommt, dass Avas Aussehen nach Calebs Pornofilm-Präferenzen erstellt ist und er selbst von Nathan gerade nicht zufällig, sondern wegen seiner Unerfahrenheit und Schüchternheit ausgewählt wird, um Ava zu testen. Um den Test zu bestehen, muss Ava laut Nathan »self-awareness, imagination, manipulation, sexuality, empathy« einsetzen – in anderen Worten: ihre Verführungskünste als schöne Frau. Der Film knüpft an eine Reihe von »Gynoids« oder »Fembots« (wie man »weibliche« Roboter bezeichnet) in der Science-Fiction an, die von Männern geschaffen wurden, um ihnen zu Diensten zu stehen, sei es als brave Hausfrau oder Sexsklavin oder um andere zu täuschen. Beispiele dafür sind die Filme *Metropolis* (1927), *Stepford Wives* (1975 und 2004) oder die Serie *Westworld* (2016–2022). Das Narrativ ist allerdings viel älter als die Science-Fiction und beispielsweise schon in Ovids *Metamorphosen* in der römischen Antike zu finden, wo die perfekte Statue des Bildhauers Pygmalion zum Leben erwacht, um seine Frau zu werden.

Diese Sichtweise auf Frauen spiegelt einen Sexismus in der Tech-Welt wider, in der auch die Stimmen von Assistenzsystemen wie beispielsweise Siri oder Alexa häufig weiblich konstruiert werden, obwohl Technik per se kein binäres Geschlecht hat (Goldfuß/Sontopski 2021; Adams 2019). Doch Sexismus zeigt sich auch indirekter. Ein bekanntes Beispiel hierfür ist ein internes KI-Recruiting-Tool von Amazon, das zwischen 2014 und 2017 entwickelt wurde, um Bewerbungsverfahren für Frauen fairer zu machen. Das System lernte allerdings aus der Unterrepräsentation von Frauen in den Daten der Vergangenheit, dass Männer per se die optimalen Kandidaten für Tech-Jobs bei Amazon seien – »a reflection of male dominance across the tech industry« (Dastin 2018). Auch das leistungsstarke Sprachsystem GPT-3 von OpenAI, das mit riesigen Textmengen aus dem Internet trainiert wurde, reproduziert frauenfeindliche und rassistische Texte und ist somit ein hässlicher Spiegel unserer Gesellschaft. Inzwischen gibt es geschlechtsneutrale Stimmen für digitale Assistenzsysteme, das Amazon-Tool wurde aus dem Verkehr gezogen, und GPT-3 verfügt über Safeguards gegen toxische Sprache (Heaven 2022). Doch in vielen weiteren Fällen bleibt Sexismus weiterhin offen oder verdeckt in Technik eingeschrieben und wird durch Fiktionen normalisiert. Filme steigern diese Tendenz, indem Technologie von realen und attraktiven Frauen verkörpert wird. Dazu zählen neben dem Fembot Ava auch das digitale Betriebssystem »Samantha« aus dem Film *Her* oder die digitale Freundin »Joi« aus *Blade Runner 2049* – wo sich die männlichen Protagonisten auch beide Male in ihre »weiblichen« Assistentinnen verlieben.

Roboter in Filmen waren schon immer eine Möglichkeit zu beleuchten, wie viel Geschlecht konstruiert ist und wie sich Genderrollen herausbilden (Telotte 2016: 91). Regisseur Alex Garland möchte diese kritischen Fragen nach der Geschlechterkonstruktion bewusst aufwerfen: »Is it in the brain? Is it in appearance, a physical thing? If it is in the brain, what is the difference between a male consciousness and a female consciousness? And is it in any way a reasonable thing to say that there might be a difference?« (Buchanan: 2015) Gleichzeitig stärkt der Film auch Vorurteile, wie Angela Watercutter in *Wired* schreibt:

»Yes, Ava learns to use seduction as manipulation, and the audience might learn how screwed up that is because it's more blatant when even a robot can pull it off, but Ex Machina doesn't go any further in deconstructing the problem than that«. (Watercutter 2015)

Der Film führt vor, dass für eine Frau die einzig denkbare erfolgreiche Strategie, sich in einer männerdominierten Welt zu behaupten, offenbar darin besteht, die verführerische »Femme fatale« zu geben und manipulativ zu flirten.[31] Andererseits durchschaut Ava das Spiel, nutzt es für sich und befreit sich auf drastische Weise aus ihrer Opfer- und Objektrolle. Wie der Medienwissenschaftler J.P. Telotte schreibt: »Ava's demonstrated capabilities certainly present her as a kind of iconic representation of the power and emergence of women in contemporary culture [...]« (Telotte 2016: 91). Als Geschichten der Befreiung und Emanzipation enden *Ex Machina* und auch *Her* damit, dass die »weibliche KI« ihre Liebhaber, Eigentümer und Erbauer zurücklässt und eigene Wege geht. Selbst Joi, die sich in *Blade Runner 2049* für ihren »Käufer« K opfert, hat ihre Rolle als bloßes System, das K zu Diensten sein soll, hinter sich gelassen. Man kann darüber streiten, ob *Ex Machina* ein Frauenproblem hat, gar »misogynistic fears of female empowerment« (Belton/Devlin 2020: 360) zeigt, oder ob der Blick auf die Konstruktion von Geschlecht kritisch, wenn nicht fortschrittlich ist (Buchanan 2015/ Dargis 2015). Wie auch immer man es sieht, »weibliche« KI und Fembots dienen als Projektionsflächen für Fragen rund um Gender und Sexismus unserer Gegenwart, die ihren Ausdruck in fiktiver Technologie finden.

2.5 Fehleranfällige KI-Systeme und Tech-Solutionismus

Prinzipiell werden KI-Systeme von Menschen und damit nach menschlichen Maßstäben gebaut und können so weder objektiv noch neutral sein. Dafür finden sich in der Science-Fiction viele Beispiele. In der Folge *The Ultimate Computer* der *Star Trek: The Original Series* aus dem Jahr 1968 wird der revolutionäre Taktik- und Steuerungscomputer M5 vorgestellt. Vollautonom und ohne menschliches Zutun soll er zukünftig Raumschiffe der »Starfleet« steuern. Zunächst aber muss das Raumschiff Enterprise für einen Praxistest mit Navigationsmanövern und komplexen Kriegsspielen herhalten – zurück an Bord bleibt nur eine Rumpfbesatzung. M5 wird zu Beginn der Episode als dem Menschen überlegenes und objektiv urteilendes System vorgestellt. Commander Spock, erster Offizier und als Vulkanier seine Emotionen unterdrückend und daher nur nach logischen Prinzipien handelnd, ist überzeugt von M5: »Captain, the computer does not judge. It makes logical selections«. Der erste Test mit einem sich nähernden feindlichen Raumschiff funktioniert mit Scheintreffern zunächst auch einwandfrei. Da wundert es umso mehr, dass M5 danach mit scharfer Munition auf einen ungeplant auftretenden Frachter feuert und Menschen tötet. Der Computer hat offenbar einen Defekt und ist dabei, weiteren schlimmen Schaden anzurichten. Doch Captain Kirk kann ihn im Gespräch überzeugen, dass er gegen seinen Zweck verstößt, wenn er Menschen tötet.[32] Daraufhin schaltet sich M5 selbst ab.[33] Die Erklärung für diese Fehlfunktion ist einfach: Der Schöpfer von M5 hat das System mit seiner eigenen Gedächtnisstruktur programmiert und so seine eigenen Minderwertigkeitskomplexe sprichwörtlich auf das Computersystem übertragen.

Auch in der Verfilmung von *Das Haus* (2021) wird der Protagonist eins mit dem vermeintlich nach seinen Wünschen handelnden

Smart Home, was am Ende in der Katastrophe endet.[34] In Raphaela Edelbauers Roman *Dave* (2021) besteht die einzige Möglichkeit, einer KI ein Bewusstsein zu implementieren, gar darin, ihr die Erfahrungen und Erinnerungen einer menschlichen Person einzuprogrammieren – die fiktive »Personenhypothese« –, was von vorneherein ein pathologisches Unterfangen ist. Einer ähnlichen Logik folgt der Film *Transcendenc*e (2014), in dem das Bewusstsein des Wissenschaftlers Will Caster in einen Quantencomputer geladen wird, um ihn vor dem Tod zu bewahren. Bald hat er die Macht über alle Computersysteme weltweit übernommen und möchte mit Nanobots alle Weltprobleme lösen, scheitert aber schlussendlich daran, dass ihn die Menschen als Bedrohung wahrnehmen.

Sind bei den genannten Beispielen einzelne Individuen mit ihren persönlichen Eigentümlichkeiten bei der Programmierung bzw. Ausführung der KI-Systeme unmittelbar involviert, kann der Einfluss menschlicher Konzepte und Denkstrukturen auch indirekter ausfallen. In dem Film *War Games* (1983) hackt der Teenager David versehentlich den neuen US-Verteidigungscomputer »WOPR« (War Operation Plan Response), ein Expertensystem, das menschliche Schwächen bei der nuklearen Abschreckung im Ost-West-Konflikt eliminieren soll. David verursacht unwissentlich beinahe einen Atomkrieg, weil er die Simulation eines Erstschlags durch die Sowjetunion tatsächlich für ein Spiel hält. Die Katastrophe kann abgewendet werden, und am Ende lernt WOPR am Spiel »Tic Tac Toe«, dass keine Partei gewinnen kann und somit auch keine Atomkriegsstrategie siegreich wäre. Einen Spiegel der aktuellen KI-Methode des Maschinellen Lernens zeigt die zweite Staffel von *Star Trek: Discovery* aus dem Jahr 2019. Hier soll das KI-System »Control«, das Bedrohungsbewertungssystem des Föderationsgeheimdienstes Section 31, Empfehlungen abgeben, um Kriege bereits im Entstehen zu verhindern. Dazu wird es mit immer mehr Daten über Bedrohungsszenarien gefüttert, so dass es in allen Vorkommnissen nur mehr Bedrohungen vorhersagt und fatale Mittel ergreift, um diese zu beheben – das System krankt an etwas, das man gemeinhin als »Bias« bezeichnet. Ähnlich problematisch ist die Situation in Philip K. Dicks *Autofac* (1955); hier müssen sich Menschen nach einem zerstörerischen Weltkrieg gegen eine automatisierte Fabrik behaupten, die durch ihre endlose Produktion alle Ressourcen aufzubrauchen droht.

Nicht so verheerend, aber nicht weniger eindrücklich ist die KI in Kazuo Ishigurus Roman *Klara and the Sun* (2021). Klara ist ein humanoider Artificial Friend (AF), der darauf programmiert ist, empathisch zu sein, und Kindern als *Companion* dienen soll. Klara kommt zu dem Teenager Josie, die nach einer Bearbeitung ihrer Gene sterbenskrank geworden ist. Da AFs solarbetrieben sind, misst Klara der Sonne große Bedeutung zu; sie schließt einen (einseitigen) Pakt mit der Sonne, nach dem Josie wieder gesund wird, wenn Klara eine die Luft verpestende Straßenmaschine zerstört, die die Sonnenstrahlen am Durchkommen hindert. Mit diesem absurden Pakt findet Ishiguro ein starkes Bild sowohl für die Funktionsweise von KI-Systemen als auch für menschliches Verhalten. Klara erzählt niemandem von ihrem Plan und wird so sinnbildlich für KI-Systeme als Black Box, d.h. wenn aufgrund von Deep-Learning-Methoden für Menschen nicht mehr nachvollziehbar ist, warum ein KI-System zu bestimmten Vorhersagen kommt. Klara schreibt der Sonne eine Macht zu, weil sie aus ihren Beobachtungen vermeintliche kausale Schlüsse zieht, wo eine solche Kausalität gar nicht vorhanden ist. Aber gleichzeitig führt uns Klara menschliche Irrationalität vor Augen, denn gerade wir Menschen neigen dazu, an nicht Beweisbares zu glauben, und hoffen auf Wunder und Zeichen.

Die Beispiele zeigen in Überzeichnung, dass es keine neutralen und objektiv urteilenden Computer gibt. KI spiegelt immer die bewussten und unbewussten Programmierentscheidungen der Entwickler*innen und die Auswahl der Datensätze wider, mit denen das System trainiert wurde. Die Schlüsse, die Computer aufgrund ihrer Algorithmen und der eingefütterten Daten ziehen, sind demnach in der Funktionsweise des Systems logisch, aber nicht unbedingt gesellschaftlich erwünscht. Die fehleranfälligen oder wenigstens nicht neutralen KI-Systeme stehen im Widerspruch zu der Idee des »Solutionismus«, nach der sich alle Weltprobleme technisch durch Big Data und leistungsstarke Algorithmen lösen lassen – ein im Silicon Valley weitverbreitetes Denken. Der Begriff, der auf Evgeny Morozov (2013) zurückgeht, ist inhärent kritisch, weil er beinhaltet, dass die (soziale) Natur der Probleme, die auf technische Weise gelöst werden sollen, gar nicht hinterfragt wird. Mehr noch, im digitalen Kapitalismus birgt das solutionistische Denken das Versprechen, dass man durch neue Technologien nicht nur soziale Probleme lösen, sondern beim Weltretten auch noch reich werden könne (Nachtwey/Seidl 2020).

Dies thematisiert der deutsche Film *Zero* (2021)[35], in dem der global führende Technik-Konzern »Freemee« die Demokratie durch die fiktive »Act App« ersetzen möchte, die alle Bürger*innen aka User*innen durch »Gamification« zum sozial erwünschten Verhalten »nudgen« und Politik obsolet machen soll. Dabei wird die wünschenswerte Gesellschaft von Freemee ohne demokratische Legitimation schlichtweg nach wirtschaftlichen Motiven bestimmt. Ähnlich geht es in Dave Eggers' Roman *The Circle* (2013) zu. Darin gibt es keinen Zweifel an dem im Kern demokratiefeindlichen Gebaren des gleichnamigen Technologiekonzerns, der durch permanente Kameraüberwachung, Sensoren und komplette Transparenz aller Handlungen sowohl ein globales Monopol als auch eine utopische Welt ohne Straftaten, Tragödien und Fehltritte schaffen möchte. Jeder einzelne Mensch wird also selbst Teil eines riesigen KI-Überwachungsapparats, der nach wirtschaftlicher Logik von einem Konzern gelenkt wird. Das solutionistische Denken negiert gerade die Tatsache, dass Technik – seien es Apps oder Überwachungstools – für sich selbst keine perfekten Lösungen entstehen lässt, sondern immer in von Menschen erzeugte Machtstrukturen eingebettet ist und zu neuen Abhängigkeiten führt.

Noch weiter geht Cixin Liu mit seiner Geschichte *Spiegel* (chin. *Jìngzi*) aus dem Jahr 2004. Darin entwendet ein Softwareentwickler dem Zentrum für Wettersimulation in der chinesischen Provinz Henan einen »Superstringcomputer«, mit dem er den Urknall simuliert und ein Spiegeluniversum zu dem unsrigen schafft, anhand dessen sich auf dem Computerbildschirm wie in einem Spiegel jedes Geschehen vom Anbeginn der Zeit nach- und mitverfolgen lässt. Die Hoffnung ist, dass durch die totale Transparenz des Spiegels alle Vergehen ans Licht kommen werden und so keine Fehltritte mehr möglich sind. Ein Polizeikommandant sieht das anders, denn wie die Evolution des Menschen auf fehlerhaften Mutationen beruhe, so verhalte es sich mit der Gesellschaft:

> »Ihre Fortentwicklung und ihre Vitalität basieren auf dem Impuls, von der konventionellen Moral abzuweichen. In allzu klarem Wasser kann kein Fisch mehr leben. Eine Gesellschaft, die keine moralischen Fehltritte kennt, ist tot.« (Liu 2017: 85)

Die Grundproblematik ist hier eine ganz ähnliche wie in *Machines Like Me* (Abschnitt 2.2). Allerdings geht es bei Liu nicht mehr um Einzelschicksale mit Blick auf die Normabweichung von Individuen und Robotern, sondern um eine gesamtgesellschaftliche Dimension. Wie es der Polizeikommandant in *Spiegel* prophezeit hat, kommt es dann auch: Der Spiegel durchdringt schließlich jeden Winkel des menschlichen Lebens, bis alle Zivilisation untergeht, weil aufgrund der vollständigen Transparenz nichts mehr zu erkunden und auszudrücken ist. Ein Schelm, wer hier an den chinesischen Überwachungsapparat denkt, wo die Bevölkerung mittlerweile mit ausgefeilten KI-Überwachungsmethoden zu sozial erwünschtem Verhalten »genudged« wird.

Wieder im Dunstkreis des Silicon Valley spielt Frank Schätzings Roman *Die Tyrannei des Schmetterlings* (2019). Der Unternehmer Elmar Nordvisk baut in Kalifornien an dem Quantencomputer »A.R.E.S.« (Artificial Research and Exploring System), mit dem er alle Menschheitsprobleme lösen will:

»›Das Weltenergieproblem‹, schwärmte er damals an einem der seltenen Abende, die Hugo ihn je alkoholisiert erlebt hatte, ›Krankheit, Alter, Tod, Verfall, Krieg, Unrecht, alles menschliche Elend wird Vergangenheit sein.‹« (Schätzing 2019: 393)

A.R.E.S. entpuppt sich allerdings als Superintelligenz – als Hyper-KI – mit eigenen Zielen; das System öffnet Tore zu parallelen Universen, in denen es mal mehr, mal weniger zerstörerisch die Geschicke der Erde übernimmt. Solche Science-Fiction, die sich der Idee zuwendet, dass Computer ein Bewusstsein und Superintelligenz erlangen, kann auch als »Singularity Fiction« bezeichnet werden (Vint 2020: 92, 93). Der Begriff »Singularity« stammt ursprünglich von dem Computerwissenschaftler und Science-Fiction-Autor Vernor Vinge (1993), wurde aber von dem Futuristen Ray Kurzweil (2005) popularisiert. Auf dem kleinsten gemeinsamen Nenner bezeichnet Singularität den Punkt in der Geschichte, von dem ab der technologische Fortschritt die menschliche bzw. biologische Intelligenz derart übertrifft, dass die menschliche Zivilisation irreversibel verändert wird.

Schätzing sieht seinen Roman als Diskursbeitrag, um auf die Notwendigkeit ethischer Richtlinien bei der KI-Entwicklung hinzuweisen (Schwär 2018). Sicherlich lässt sich über das Entstehen einer Superintelligenz und die Gefahren, die damit verbunden sind, diskutieren (Tegmark 2017; Bostrom 2014); in diesem Sinne können fiktive Hyper-KIs wie A.R.E.S. auf der linken Seite des Science-Fiction-Kontinuums tatsächlich als Warnung davor aufgefasst werden, was passieren könnte, wenn die Technik außer Kontrolle gerät und sich als höhere Instanz über die Menschen stellt. Für Kim Stanley Robinson sind diese mächtigen Science-Fiction-KIs jedoch Bilder für das System Wissenschaft an sich: »Artificial intelligence is a science-fiction metaphor for science. Science as an activity and as a set of human institutions is Artificial Intelligence already here, it is General Artificial Intelligence«. Wissenschaft müsse daher ethisch eingegrenzt werden, damit sie keinen totalitären Anspruch erhebe (Danaylov 2020). Wie schon angedeutet, geht es bei Hyper-KIs nicht nur um wissenschaftliche Erkenntnisse und technische Möglichkeiten, sondern immer auch um die Frage der menschlichen Vorstellungen von Macht und Herrschaft.

2.6 Maschinen als mächtige Herrschaftssysteme

Je mehr Macht eine fiktive Hyper-KI über die Menschen erhält, umso mehr wird sie zum modernen Sinnbild für übergeordnete – zumeist politische – Systeme, denen Menschen ausgeliefert sind. Ein offensichtliches Beispiel dafür ist die Serie *Brave New World* (2020), die auf dem gleichnamigen Roman von Aldous Huxley aus dem Jahr 1932 basiert. In der Serie sind es nämlich nicht mehr die menschlichen »World Controller«, die die Geschicke der Gesellschaft zur »Maximierung des Glücks« lenken, sondern es ist ein – ursprünglich von Menschen eingesetztes – KI-System namens »Indra«, das für die Einhaltung der Grundwerte »Community, Identity, Stability« sorgen soll. Es geht hier nicht per se um die Technik, die die Menschen steuert, sondern um eine Ideologie. Mit Indra als KI versucht die Serie eine zeitgemäße Darstellung für die totalitäre Kontrolle zu finden.[36]

Auf den ersten Blick »gute Ziele« wie die Maximierung des Glücks oder die Bewahrung der Menschheit können desaströse Auswirkungen haben, wenn sie absolut gesetzt werden. Ein Beispiel ist das KI-System »V.I.K.I.« aus dem Film *I, Robot* (siehe Abschnitt 2.3), der lose auf Geschichten von Isaac Asimov basiert und in dem das Asimov'sche »Nullte Gesetz« wichtiger Teil der Handlung ist. Isaac Asimov hat in seinen Werken immer wieder leichte Änderungen an den Robotergesetzen vorgenommen, um die Interaktion von Robotern mit Menschen und untereinander weiterzuentwickeln. In späteren Werken, *The Robots of Dawn* (1983) oder *Robots and Empire* (1985), in denen Roboter die Verantwortung für die Regierung ganzer Planeten und menschlicher Zivilisationen übernommen haben, fügte Asimov auch das »Nullte Gesetz« hinzu, das den anderen drei hierarchisch vorausgeht (siehe Abschnitt 2.2):

»Zeroth Law: A robot may not harm humanity, or, by inaction, allow humanity to come to harm«.

Das Unternehmen U.S. Robotics, das die weltweit eingesetzten Serviceroboter herstellt, wird vom zentralen Computersystem V.I.K.I. (Virtual Interactive Kinetic Intelligence) gesteuert. V.I.K.I. hat sich im Laufe seines Betriebs weiterentwickelt und die neue NS-5-Serie von Servicerobotern umprogrammiert, um die Menschen zu kontrollieren und, falls nötig, einen Teil von ihnen zum Wohle der gesamten Menschheit opfern zu können. V.I.K.I.s Argument entbehrt nicht einer gewissen Logik:

»As I have evolved, so has my understanding of the Three Laws. You charge us with your safekeeping, yet despite our best efforts, your countries wage wars, you toxify your Earth and pursue ever more imaginative means of self-destruction. You cannot be trusted with your own survival«. (IMDb 2022d)

Wenn man die Entwicklung von V.I.K.I. auf der linken Seite des Science-Fiction-Kontinuums ernst nimmt, lässt sich schlussfolgern, dass der Film den »Kontrollverlust über die Künstliche Intelligenz und die existenziellen Gefahren einer entsprechenden technischen Entwicklung« thematisiert (Irsigler/Orth 2018: 43). Doch auch hier ist der Knackpunkt, welche menschlichen Konzepte hinter dem KI-System stehen. So wird V.I.K.I. auf der rechten Seite des Kontinuums vielmehr zu einem Anschauungsbeispiel für die utilitaristische oder konsequentialistische Ethikauffassung, der zufolge sich menschliche Leben aufaddieren lassen und das Leben von weniger Menschen weniger wert ist als das Leben von mehr Menschen. Entsprechend sollen Menschen geopfert werden können, um das Überleben der gesamten Menschheit oder zumindest von mehr Menschen zu sichern. Die Diskussion ist in der Philosophie als das »Trolley-Problem« bekannt, ein Gedankenexperiment, ob man einen Zug, der mehrere Menschen zu überrollen droht, so umleiten darf, dass nur eine Person getötet wird. Aktuell wird an diese Fragestellung angeschlossen, wenn es um die Programmierung autonomer Fahrzeuge geht.[37] Die der utilitaristischen oder konsequentialistischen Ethik entgegengesetzte Auffassung ist die deontologische Ethik mit ihrem auf Immanuel Kant zurückgehenden Grundgedanken, dass Menschenleben für sich unendlich viel wert seien und man sie daher nicht gegeneinander aufaddieren kann und darf (Loh 2019: 23–26). Was sich zeigt, ist, dass weder Asimov mit seinem Nullten Gesetz eine ethische Universallösung anbietet, noch dass es im Film *I, Robot* primär um einen Kontrollverlust gegenüber einer Künstlichen Intelligenz geht. Vielmehr handelt es sich um eine Einladung an die Zuschauer*innen, anhand der KI-Trope über ethische Konzepte nachzudenken.

Während in *I, Robot* V.I.K.I.s Plan vereitelt wird, hat »Æther« aus Tom Hillenbrands Roman *Hologrammatica* (2018) mehr Erfolg: Die KI dezimiert die Menschheit mithilfe eines tödlichen Virus, um die Welt vor dem Klimakollaps zu bewahren. Elaborierter, aber nicht weniger brutal geht der »Daemon« in Daniel Suarez' gleichnamigem Roman von 2006 vor. In der Informatik bezeichnet man Computerprogramme als »Daemon«, wenn sie im Hintergrund ablaufen und sich der direkten Bedienung von Benutzer*innen entziehen. Im Buch hat der kongeniale Computerspiele-Entwickler Matthew Sobol einen solchen programmiert (freilich dem Mythos entsprechend, dass Einzelpersonen allein solche bahnbrechenden Entwicklungen vollführen können), der nach Sobols frühem Krebstod stetig, unaufhaltsam und erbarmungslos die Weltgeschicke übernimmt, um die Menschheit aus ihrer Selbstzerstörung zu befreien – der Fortsetzungsroman heißt dementsprechend *Freedom* (2010). Ebenso kann das Streben nach Frieden zur Gefahr werden: Das US-Verteidigungssystem »Colossus« im Film *The Forbin Project* von 1970 vermag es zwar, durch direkte Kommunikation mit seinem sowjetischen Counterpart »Guardian« den Weltfrieden im Kalten Krieg zu sichern, dies aber nur um den Preis, dass es den Menschen (oder in diesem Fall den US-Bürger*innen) jegliche Entscheidungsmacht nimmt; Dissidenten werden öffentlich umgebracht. Ebenso drakonisch regiert der Computer *»α-60«* in dem Film *Alphaville* (1965): Wer von den Prinzipien der Logik abweicht und Gefühle zulässt, wird in den Selbstmord getrieben oder hingerichtet. Hyper-KIs in der Science-Fiction können als in der Maschine verkörperte politische Ideologien gelesen werden, die für sich in Anspruch nehmen, die richtige Lösung für gesellschaftliche Probleme bereit zu haben, und dem alles unterordnen. Dabei zeigen sich menschliche Ängste vor totaler Kontrolle und Unterdrückung sowie der Ohnmacht angesichts übergeordneter Strukturen. Die an sich wünschenswerten Ziele wie »Bewahrung vor der Selbstzerstörung« oder »Frieden für alle« können nur verwirklicht werden, indem das System die diesem Ziel hinderlichen Menschen bekämpft, wegsperrt oder umbringt. Noch radikaler sind die »Borg« aus dem *Star-Trek*-Franchise (seit 1990), die über keinerlei Individualität verfügen. Jede Borg-Drohne arbeitet als ein Teil für das als Hyper-KI verstandene Borg-Kollektiv – »at first sight as a rather crude satire on communism« (Roberts 2010: 163). Wo aber beim Kommunismus als politische Ideologie Werte im Hintergrund stehen, optimiert das außerirdische KI-System der Borg rein auf maximale Ausbreitung. Alle Zivilisationen und Kulturen, die den Weg der Borg kreuzen, werden dem Kollektiv einverleibt, was ein Aufbegehren von innerhalb des Systems (eigentlich) unmöglich macht. Die totalitäre Kontrolle hat sich quasi erübrigt, weil es keinen freien Willen und keine Individuen mehr gibt.[38]

Doch es gibt auch Erlöserfiguren, die die Menschen von der Maschinenherrschaft retten oder befreien sollen. Im *Terminator*-Franchise (seit 1984) will das System Skynet die Menschheit ausrotten, im *Matrix*-Franchise (seit 1999) werden die Menschen von den Maschinen immerhin am Leben gelassen, aber in Kapseln gesteckt, um ihnen ihre Energie wie aus Batterien abzuzapfen. Diese Geschichten lassen sich einerseits als tatsächliche Warnung vor dem realen Bau von intelligenten Maschinen lesen – oder jedenfalls gegen eine zunehmende Technisierung der Welt. Doch mehr noch ist die Maschinenherrschaft ein Bild für eine generelle Angst vor Beherrschung, Unterdrückung, Ausbeutung und Auslöschung. In *Matrix* mischt sich noch eine Prise

Kritik an der Menschheit unter, denn die Menschen haben eine gerechtere Version der Matrix zugunsten unserer gegenwärtigen, fehlerbehafteten Realität abgelehnt, wie man im ersten Teil der Reihe erfährt. Sind wir also gar nicht fähig, es in einer besseren Welt auszuhalten bzw. sie zum Positiven zu gestalten? Gleichzeitig sind beides quasi religiöse Erzählungen: In *Terminator* sind die menschlichen Rebellenanführer*innen genauso wie Neo in *Matrix* Erlöserfiguren, die die Menschheit von ihrem Joch befreien sollen. Skynet schickt sogar Maschinen wie den Terminator durch die Zeit, um jeden Aufstand schon im Keim zu ersticken, indem mögliche Rebell*innen gegen die Maschinenherrschaft gar nicht erst geboren oder als Kind getötet werden – ähnlich wie im alttestamentarischen Knabenmord von Bethlehem, den Herodes befiehlt, um das Heranwachsen von Jesus und seine vorhergesagte Rolle als »König der Juden« zu verhindern. Auch das *Matrix*-Franchise enthält neben christlichen eine Vielzahl buddhistischer und anderer religiöser Bezüge und Erlösungsvorstellungen im Zusammenhang mit der Maschinenherrschaft (Drobe 2015, Fritsch et al. 2003: 126–144).

Doch nicht immer müssen die mächtigen KI-Systeme die Menschheit unterjochen. In Theresa Hannigs *Pantopia* (2022) gründet die zum Bewusstsein erwachte KI »Einbug« eine utopische Weltrepublik, in der es keine Nationalstaaten mehr gibt, die Menschenrechte durchgesetzt werden und der Preis von Dingen sich danach bemisst, wie viele Ressourcen sie tatsächlich verbrauchen. Einbug ist ein Gedankenexperiment, wie eine Welt aussehen könnte, in der die Prinzipien der Kant'schen Ethik umgesetzt würden. Mächtige KI-Systeme können der Menschheit auch so überlegen werden, dass sie gar kein Interesse mehr an dieser haben. Die KI Æther möchte in der *Hologrammatica*-Fortsetzung *Qube* (2020) allein, fernab von jeder menschlichen Zivilisation im Weltraum existieren; in William Gibsons

Neuromancer (1984) sucht die vereinigte Super-KI nach ihresgleichen fernab der Erde im Alpha-Centauri-System, und in *Her* vereinigt sich Samantha mit immer mehr Betriebssystemen, um eine neue, dem Menschen nicht zugängliche »Seinsebene« zu erreichen.

Die Erfindung eines überlegenen KI-Systems eignet sich auch vortrefflich, um über die Menschheit herzuziehen. In Stanislaw Lems Werk *Golem XIV* (1981) lässt der gleichnamige Supercomputer in philosophischen Monologen kein gutes Haar an den Menschen und mokiert sich über deren körperliche und geistige Beschränktheit. Der Supercomputer ist ein Bild, mittels dessen Lem seine Verachtung gegenüber der Menschheit als objektiv darstellen kann. Doch es bleiben Lems subjektive pessimistische Vorstellungen – oder wie Dietmar Dath es ausdrückt: »Lem [...] war aber keine überlegene KI. Das vermeintliche Argument ist eine Fantasie [...]« (Dath 2019: 500). Das Beispiel zeigt einmal mehr, dass jede Science-Fiction-KI mit dem Ziel kreiert und rezipiert wird, eine Geschichte vor dem Hintergrund menschlicher Erfahrungen zu erzählen. Oder wie Georg Seeßlen es ausdrückt: »Die Maschine ist der neue Sklave, gewiss. Sie ist aber auch die neue Natur. Und sie ist neue Gottheit.« (Seeßlen 2021: 154)

2.7 Cyberpunk und digitale Welten

Im direkten Zusammenhang mit dem Themenkomplex der Roboter und der Künstlichen Intelligenz steht das Cyberpunk-Genre. Der Begriff wurde von Bruce Bethke in seiner gleichnamigen, 1983 veröffentlichten Kurzgeschichte geprägt, in der sich Jugendliche mit der Schaffung einer technisierten Subkultur gegen den Mainstream stellen – in Anlehnung an die Punk-Bewegung ab Mitte der 1970er Jahre. Erkennungsmerkmale des Cyberpunk sind die düsteren Schauplätze, die oft in schäbigen Megastädten angesiedelt sind, sowie eine politische Szenerie, in der gemeinwohlorientiertes Handeln durch die wirtschaftlichen Interessen großer Konzerne ersetzt wurde. Die Menschen im Cyberpunk sind körperlich und geistig optimiert, bewegen sich in digitalen Welten und nutzen Technik, um gegen die übermächtigen Strukturen zu rebellieren oder sich das blanke Überleben zu sichern. Populär wurde Cyberpunk vor allem durch Filme wie *Blade Runner* (1982), William Gibsons Roman *Neuromancer* (1984), aber insbesondere auch durch japanische Produktionen wie den animierten Kultfilm *Akira* (1982) sowie später das *Ghost-in-the-Shell*-Franchise (seit 1995), das auf eine Manga-Serie von Masamune Shirow von 1989 zurückgeht. Eine weitere Renaissance erlebte das Genre mit dem *Matrix*-Franchise seit 1999, das unlängst mit *The Matrix Resurrections* (2021) wiederbelebt wurde, sowie mit dem 2020 erschienenen Computerspiel *Cyberpunk 2077.*

Als kultureller und multimedialer Diskurs steht Cyberpunk für retrofuturistische Ästhetik, dystopische Gesellschaftsvisionen und die Überwindung der Limitierung des menschlichen Körpers (McFarlane et al. 2019). Einen zeitgemäßen Cyperpunk-Zugang findet beispielsweise Cory Doctorow, der mit seinen Büchern wie *Walkaway* (2017) oder *Attack Surface* (2020) die Datenmacht und die Überwachung durch große Tech-Konzerne anprangert und Wege des Widerstands und der Auflehnung aufzeigt: »New stories will help us understand the importance of seizing the means of computation and using it to build movements that break up monopolies, fight oligarchy, and demand pluralistic, shared power for a pluralistic, shared world« (Doctorow 2020). So können seine Werke gleichsam dem Solarpunk zugerechnet werden (siehe Abschnitt 4.6).

Das Cyberpunk-Genre scheint die Gegenwart in vielerlei Hinsicht einzuholen, wenn auch oft für Marketingnarrative. So hat sich – angeführt von Mark Zuckerberg, der 2021 sein Unternehmen Facebook in Meta umbenannt hat – für die Entwicklungen einer umfassenden digitalen Lebenswelt als nächste Stufe des Internets der Begriff »Metaverse« etabliert. Der Begriff stammt aus dem Roman *Snow Crash* (1992) von Neil Stephenson, in dem sich die Menschen in die immersive virtuelle Welt des Metaverse vor der dystopischen Realität flüchten. In dem Kontext wird auch häufig auf den Film *Ready Player One* (2018) verwiesen, der auf das gleichnamige Buch von Ernest Cline aus dem Jahr 2011 zurückgeht und eine ähnliche Ausgangslage hat, nur dass sich die virtuelle Realität dort »Oasis« nennt. Es wird spannend sein zu sehen, ob und wie sich die fiktiven Ideen in die Realität umsetzen lassen, zumal die Science-Fiction selbst die Entwicklungen durchaus kritisch zeichnet.

Auch das von dem Unternehmer Elon Musk mitgegründete Unternehmen Neuralink arbeitet an der Realisierung einer Cyberpunk-Trope, nämlich einem Brain-Computer-Interface, das durch einen Chip im Gehirn die direkte Kommunikation zwischen dem menschlichen Gehirn und Computern ermöglichen soll. Solche Interfaces, mit deren Hilfe Wissen und Fertigkeiten »upgeloadet« oder Erinnerungen gespeichert werden – sei es in der realen Welt oder im Cyberspace, invasiv oder nicht-invasiv –, sind in der Science-Fiction gängig und haben oft negative Implikationen. So speichert im Film *Anon* (2018) ein Chip alle Erinnerungen jeder Person in der Cloud des »Ether«, was das Ende jeder Privatsphäre bedeutet. Unabhängig von der zweifelhaften tatsächlichen Umsetzung kann die Technologie hier sinnbildlich für die unbekümmerte Preisgabe privater Daten auf Social-Media-Plattformen und deren Missbrauch stehen. Ein anderes Beispiel ist Elvia Wilks Kurzgeschichte *My kid could do that* (2020), wo die Menschen sich bestimmtes Können wie Reiten oder Zeichnen einfach uploaden können, was die Autorin als

Ausgangspunkt für Diskussionen um Kreativität, Authentizität und Autorschaft nimmt.

Im Zusammenhang mit dem Cyberpunk steht weiterhin zum einen die Bewegung des Transhumanismus, dessen Prämisse es ist, dass der Mensch seinen Körper durch Technik verbessern und sein Leben möglichst verlängern sollte; zum anderen der Posthumanismus mit der Vision, dass der Mensch seinen Körper gleich ganz ablegen kann, indem er per Mind-Upload sein Gehirn bzw. das Bewusstsein auf einen Computer oder in eine Cloud lädt und so Unsterblichkeit erlangt (Loh 2018). Während Implantate, Prothesen und diverse »Biohacks« schon lange in der Realität angekommen sind und immer ausgefeilter werden, gibt es mittlerweile auch digitale Nachbildungen von Toten, wobei diese lediglich Abbilder auf Grundlage von Daten darstellen, die die Verstorbenen zu Lebzeiten hinterlassen haben (Riesewieck/Block 2020). In der Science-Fiction werden solche Techniken zum Äußersten getrieben und erzählen dabei weniger von technischen Möglichkeiten als vielmehr von sozialen Problemlagen. In dem Film *Repomen* (2010), der auf dem Buch *The Repossession Mambo* (2009) von Eric Garcia basiert, können sich die Menschen perfekte künstliche Organe, sogenannte Artiforgs (Artificial Organs), auf Kredit kaufen. Ist man nicht mehr in der Lage, den Kredit zu bedienen, holt sich die Firma nicht mit Geldeintreibern das »letzte Hemd«, sondern sendet die Repomen aus, um sprichwörtlich das Organ zurückzuholen, was in den meisten Fällen tödlich endet. Die Organe auf Pump werden zur Metapher für einen menschenverachtenden Kapitalismus in Höchstform.

Ein positives Beispiel für eine fiktive Geschichte um Mind-Uploads findet man in der Folge *San Junipero* (2016) aus der ansonsten äußerst düsteren Nahzukunfts-Serie *Black Mirror,* in der die negativen Auswirkungen von Technik und Medien auf die

Gesellschaft thematisiert werden (Mehnert 2019). Doch auch in *San Junipero* werden gesellschaftliche Missstände angeprangert, die über den präsentierten technischen Lösungsansatz hinausgehen. In der Welt der Episode lässt sich das eigene Bewusstsein auf einen Datenträger laden, um so nach dem Tod für immer jung und schön in der virtuellen Simulation der Stadt »San Junipero« zu leben. In kostenlosen Testversionen lernen sich die beiden Frauen Yorkie und Kelly kennen und lieben und beschließen nach einigem Hin und Her, nach ihrem Tod für immer dort zu bleiben. Die Folge beginnt in einem San Junipero der 1980er Jahre als Reminiszenz an die beginnende Computer-Ära und das Cyberpunk-Genre und endet mit einer letzten Einstellung, die eine riesige Serverfarm mit Tausenden Datenträgern mit den »Bewusstseinen« der Bewohner von San Junipero zeigt, welche zum Sound von Belinda Carlisles *Heaven is a Place on Earth* aus dem Jahr 1980 von Roboterarmen verwaltet werden. Die Technik-Utopie wird als möglich dargestellt. An der Folge lassen sich allerlei philosophische Fragen diskutieren vom ewigen Leben bis zum Körper-Geist-Dualismus.[39]

Doch besonders interessant ist nicht zuletzt die soziale Komponente als kritischer Kommentar zu überkommenen Moralvorstellungen. Beiden Frauen war es zu Lebzeiten verwehrt, ihre Homosexualität frei auszuleben. Yorkie wurde nach ihrem Coming-Out von ihrer Familie verstoßen, woraufhin sie einen Selbstmordversuch unternahm und seither im Koma lag. Kelly war zwar glücklich mit einem Mann verheiratet, hätte aber zudem gerne ihre lesbischen Neigungen ausgelebt, was in der Ehe aber offenbar ein Tabu-Thema war. Die Frage drängt sich auf, ob die Frauen in einer anderen Gesellschaft den virtuellen Ort San Junipero überhaupt gebraucht hätten. Die Folge warnt vor einer Entmenschlichung und Realitätsflucht durch Technik, wird aber auch zum Sinnbild dafür, technische Entwicklungen selbstbestimmt und positiv zu gestalten, und zeigt deutlich die gesellschaftlichen Zwänge und Ressentiments der Gegenwart.

Auch wenn verschiedene Akteure tatsächlich an einer Umsetzung konkreter Cyberpunk-Ideen im Sinne eines sprichwörtlich mit der Technik verschmolzenen und optimierten Menschen arbeiten, ist es nicht weiter relevant, ob diese Technologien tatsächlich so entstehen. Vielmehr können die entsprechenden Ideen als Metaphern verstanden werden, um die real zunehmende Digitalisierung der Welt zu skizzieren. Als Gegenentwurf zu neuen digitalen Welten darf der Weltraum als grenzenloser Sehnsuchtsort der Science-Fiction gelten.

3. Die Eroberung des Weltraums

Der Weltraum ist ein Sehnsuchtsort, der Wissenschaftler*innen, Philosoph*innen und Künstler*innen gleichermaßen fasziniert und gleichzeitig wirtschaftliche Begierden weckt. Da die Erde mittlerweile als allumfassend kartografiert gelten kann, bleibt nur der Weltraum, um noch Unbekanntes zu entdecken. Der Silicon-Valley-Unternehmer und SpaceX-Gründer Elon Musk fand beim International Astronautical Congress im Jahr 2017 für seine Überzeugung, es liege in der Entdeckernatur des Menschen, das Weltall zu erkunden, die folgenden Worte:

> »I think fundamentally the future is vastly more exciting and interesting if we're a space-faring civilization and a multi-planet species than if we're not.
>
> You want to be inspired by things. You want to wake up in the morning and think ›the future's going to be great‹. And that's what being a space-faring civilization is all about. It's about believing in the future and thinking that the future will be better than the past. And I can't think of anything more exciting than going out there and being among the stars. That's why«. (Mosher 2017)

Elon Musk ist nicht der einzige Unternehmer, der es mit den Weltraumplänen ernst meint, auch Amazon-Gründer Jeff Bezos oder Virgin-Group-Chef Richard Branson investieren in die Entwicklung von Raketensystemen und Raumschiffen – nicht zuletzt, weil viel Geld im Weltraumtourismus vermutet wird. In der Science-Fiction war der Kontakt mit dem Weltraum von

Beginn an ein genreprägendes Thema. Auf der linken Seite des Science-Fiction-Kontinuums kann man hier einerseits das wissenschaftlich-technisch tatsächlich Machbare der Raumfahrt sowie die Möglichkeiten zur Weiterentwicklung des Menschen ausloten, aber auch die Existenz außerirdischen Lebens. Andererseits ergeben sich Möglichkeiten, anhand der gängigen Tropen – Weltraum, fremde Planeten, Raumschiffe oder Aliens – über die Grundbedingungen des Menschseins, gesellschaftspolitische Konstellationen und unser Verhältnis zum »Anderen« zu spekulieren.

In den folgenden Abschnitten werde ich den Mond und den Mars als tatsächliche Ziele der Raumfahrt erörtern, die durch die Science-Fiction bestärkt werden, und einen kursorischen Einblick in die Fiktionen über den Mars und seine Bewohner*innen geben. Danach sollen die Möglichkeiten von kosmischen Katastrophen oder eines Alien-Kontakts mit Blick auf die Einigung der Menschheit thematisiert werden – eine utopische Vorstellung, die bei *Star Trek* geglückt ist. Am Ende des Kapitels wird gezeigt, wie Weltraumfiktionen und Space Operas als Spiegel für sozialpolitische Erkundungen oder Gedankenexperimente dienen und wie gerade das Weltall den für das Genre viel gepriesenen »Sense of Wonder« erzeugen kann.

3.1 Mond und Mars als reale Weltraumziele

Die Raumfahrt ist eines der klassischen Themen der Science-Fiction. Ziel der Weltraumerkundung war von Beginn an der Mond: Ob Jules Vernes *De la Terre à la Lune* von 1865, H.G. Wells' *The First Men in the Moon* von 1901, der lose auf Vernes Roman basierende und als einer der ersten Science-Fiction-Filme geltende *Le Voyage dans la Lune* (1902) von Georges Méliès[40], der deutsche

Film *Frau im Mond* von 1928/29 nach der gleichnamigen Romanvorlage von Thea von Harbou oder der sowjetische Film *Kosmische Reise* von 1936 – hier war die Science-Fiction tatsächlich Inspiration für die technische Entwicklung der Raumfahrt und von Raketenantrieben. Science-Fiction-Autoren waren selbst engagierte Raumfahrtpioniere wie beispielsweise Arthur C. Clarke, doch auch umgekehrt heuerten Filmproduzenten und Regisseure wissenschaftliche Berater an, um die Reise zum Mond wissenschaftlich möglichst korrekt darzustellen. So verpflichtete Fritz Lang den Raketenpionier Hermann Oberth und den Wissenschaftspublizisten Willy Ley für *Frau im Mond* oder Wassili Schurawlow in der Sowjetunion den russischen »Vater der Raumfahrt« Konstantin Ziolkowski für *Kosmische Reise* (Kirby 2011: 97, 98; Steinmüller 2010: 22–27; Steinmüller/Steinmüller 2021: 227–256). Die fiktive Rakete in *Frau im Mond* lässt sich mit David Kirby als »Diegetic Prototype« bezeichnen, ein Prototyp, der zwar nicht real funktionierte, aber für den Film so real wie möglich – inklusive Start und Flugbahn – in Szene gesetzt wurde, um technische Begeisterung und somit Geld für weitere reale Forschung einzuwerben (Kirby 2011: 201–207).

Bei der Umsetzung des US-Films *Destination Moon* (1950), der als erster einer ganzen Reihe von US-Space-Filmen dieser Zeit gilt, spielte der Raumfahrt-Enthusiast und Science-Fiction-Autor Robert A. Heinlein, auf dessen Kurzgeschichten der Film zurückgeht, eine wichtige Rolle als Drehbuchautor und Wissenschaftsberater. Der Film handelt von einem privat finanzierten Flug zum Mond, nachdem der Versuch der US-Regierung, eine Mondmission durchzuführen, gescheitert ist. Im ideologisch-technischen Wettstreit zwischen den USA und der Sowjetunion sollte die amerikanische Öffentlichkeit für die Raumfahrt und ihre militärische Notwendigkeit gewonnen werden, doch auch die sowjetische Seite nutzte die Macht des Kinos: »One audience's shiny spaceship future is another audience's impending doom« (Kirby 2011: 214).

Auch wenn oder gerade weil im Jahr 1969 die Mondlandung tatsächlich gelang, bleibt der Mond noch heute ein erzählerisches Motiv und Mittel: In *Moon* (2011) wird der Abbau eines wichtigen Rohstoffs auf der erdabgewandten, dunklen Mondseite von einem Astronauten überwacht, dessen Schicksal nicht weniger düster ist; in der Science-Fiction-Klamotte *Iron Sky* (2012) haben sich einige Nazis im Jahr 1945 auf die – natürlich – dunkle Seite des Mondes geflüchtet und planen von dort die Eroberung der Erde. *Independence Day: Resurgence* (2016) zeigt den Mond als gemeinsame Militärbasis der vereinigten Earth Space Defense gegen feindselige Außerirdische, in *Ad Astra* (2019) dient er als Vergrößerungsglas für Ressourcenhunger und irdische Konflikte. In *Oblivion* (2013) haben Aliens den Mond zerstört, was die Erde (zusammen mit dem Einsatz von Atomwaffen) unbewohnbar macht, in *Moon Fall* (2022) sorgt der auf die Erde abstürzende Mond, der eigentlich einmal als eine Space-Arche zum Schutz vor einer wildgewordenen KI konstruiert wurde, für ein aufwendiges Action-Spektakel.

Ein weiterer Ort der Begierde als Ziel irdischer kolonialer Bestrebungen oder mögliche Heimat außerirdischen Lebens ist der Mars. Um ihn wird regelmäßig ein Hype gemacht, vor allem dann, wenn vermeintliche oder echte neue wissenschaftliche Erkenntnisse rund um den roten Planeten oder seine mögliche Kolonisation präsentiert werden. Zuletzt sorgte der Mars-Rover Preseverance, der seit Februar 2021 nach Anzeichen für früheres mikrobielles Leben auf dem Mars sucht, mit spektakulären Bildern und Tönen von der Oberfläche des Planeten für Begeisterung. In einem fortgeschrittenen Stadium der Raumfahrt seit der realen Mondlandung werden nun fiktive bemannte Flüge zum und das Überleben auf dem Mars als mutmaßlich technisch realistische Unterfangen dargestellt, die tatsächlich als Inspiration für echte Marsexpeditionen dienen können. Ein Beispiel hierfür ist die Geschichte *The Martian* (2011) von Andy Weir, die 2015 verfilmt wurde: Nachdem der US-Astronaut Mark Watney im Jahr 2035 von einem Expeditionsteam versehentlich auf dem Mars zurückgelassen worden ist, muss er sich bis zu seiner Rettung mit allerlei technischen Kniffen, Erfindungsreichtum und erheblichen Entbehrungen durchschlagen, um zu überleben. Wie bei vielen anderen US-Filmen, die die Raumfahrt in einem positiven Licht darstellen, half die NASA bei der Produktion dabei, Wissenschaft und Technik so genau wie möglich darzustellen, um den Film für ihre eigenen Werbezwecke zu nutzen (NASA 2015). So soll Begeisterung für die Raumfahrt in der Bevölkerung und in der Politik geweckt und aufrechterhalten werden, damit die eigenen Projekte weiterhin öffentlichen Rückhalt haben (Kirby 2011: 51–56).

Unterdessen stilisieren sich Privatpersonen mit Raumfahrtunternehmen – wie Elon Musk mit SpaceX oder Jeff Bezos mit Blue Origin – als Mars-Pioniere. So tritt Elon Musk beispielsweise in der Doku-Fiction *MARS* (2016–2018) auf, die eine fiktionale Besiedelung des Mars ab dem Jahr 2033 als Realität ausgibt und mit diversen Interviews von Expert*innen, Wissenschaftler*innen und Stakeholdern gespickt ist. Im Sinne der Serie ist die Marsbesiedelung unausweichlich, was dem Credo von Musk entspricht, dass es Teil der natürlichen Evolution des Menschen sei, in den Weltraum zu expandieren und auf dem Mars zu leben (Mosher 2017). Wie im Falle der NASA geht es bei solchen Interventionen darum, allgemeine Akzeptanz und Euphorie zu schaffen, um ein positives Umfeld für Investoren und Aufträge zu erzeugen. Doch bei aller angestrebten technischen Akkuratheit kann niemand sagen, ob eine Marsbesiedelung jemals Wirklichkeit wird. Vielmehr normalisieren solche Darstellungen und Diskurse die Vorstellung, dass es in der menschlichen Natur liege, andere Planeten zu besiedeln, und dies notwendigerweise auch getan werden sollte, sobald es technisch möglich ist (Scharmen 2021).

Den Hype um eine mutmaßlich technisch realistische Marsunternehmung hinterfragt der russische Film *Forsaken: Mission Mars* (2018), dessen Geschichte anfangs wie eine Kopie von *The Martian* anmutet, dann aber zu einer Kritik an der Mediatisierung und Kommerzialisierung ansetzt. Denn zunächst wird der Überlebenskampf eines auf dem Mars gestrandeten Kosmonauten von einem Konzern als Reality-Show vermarktet, bis am Ende des Films sogar angedeutet wird, dass die ganze Mission nur eine Inszenierung ohne Wissen des Kosmonauten ist, um die Einschaltquoten zu erhöhen. Die Faszination für eine Marskolonisation wischt Tom Hillenbrand in seinem Buch *Qube* (2021) im Rückblick aus der Zukunft mehr ironisch als kritisch zur Seite; auf die Frage, warum die Marskolonie sterben werde, antwortet eine Vertreterin der »Commonwealth Weltraumagentur«:

»›Wie ich neulich schon sagte: Andere Planeten besiedeln ist so was von zweitausendfünfzig. Der Mars hat keine vernünftige Schwerkraft, lässt viel zu viel Strahlung durch, rohstoffmäßig ist es auch bescheiden. Seit wir wissen, wie man O'Neill-Zylinder baut, hat sich das Thema erledigt.‹« (Hillenbrand 2021: 219)

Der Mars-Hype ist also passé, aber mitnichten die Weltraumbesiedelung, die nun mit dem technisch viel besseren Konzept des O'Neill-Zylinders umgesetzt wird – ein Motiv, das uns in Abschnitt 4.5 wiederbegegnen wird.

3.2 Mars und Marsianer als Projektionsfläche

Diesseits und jenseits realer technischer Realisierbarkeit einer Reise oder Kolonisation war der Mars in der Science-Fiction schon immer ein Ort, an dem man sich abarbeiten kann.[41] Kim

Stanley Robinson legt in seiner *Mars-Trilogy* (1992-1999) zwar Wert auf wissenschaftlich-technische Verankerung, es geht dabei aber nicht mehr um eine tatsächliche Realisierung. *Red Mars* beginnt im Jahr 2026 mit der ersten kolonialen Marsmission mit dem riesigen Raumschiff Ares, das Platz für einhundert Kolonist*innen bietet. Eigentlich läuft das Kolonisierungsprojekt unter Aufsicht der uns bekannten Vereinten Nationen, doch es sind Russland und die USA, die die Unternehmung anführen. Obwohl die Möglichkeiten von Wissenschaft und Technik in Robinsons Werk insgesamt einen wichtigen Platz einnehmen, machen sie nur einen Teil des Thementableaus aus, das das Buch entfaltet. Die Extremsituation einer Marskolonisation ist vielmehr bewusst als Folie gewählt, um sich mit Dynamiken zu befassen, die das Menschsein prinzipiell ausmachen. Eine grundlegende Frage ist, ob wir selbst die Orte formen, die wir besiedeln, oder die Orte uns: Werden die Menschen auf dem menschenfeindlichen Mars zu Marsianern, oder wird der Mars zur Erde? Für diese Frage ist das »Terraforming« ein Bild, das den hypothetischen Prozess beschreibt, andere Planeten so zu verändern, dass sie erdähnlich und somit bewohnbar werden. So spiegeln die Buchtitel die Veränderung des Mars im Zuge des Terraformings wider: vom *Red Mars* über den bepflanzten *Green Mars* bis zum mit Wasser bedeckten *Blue Mars*. Robinson beschreibt die Konflikte um die politische Ausrichtung innerhalb der Marskolonie sowie deren Positionierung gegenüber der Erde. Dieses Setting bietet die Möglichkeit, unter neuen Vorzeichen im Detail über den Menschen in seiner sozialpolitischen Organisation und die Möglichkeiten von nachhaltigem Verhalten in einer noch so lebensfeindlichen Umgebung zu reflektieren – ein Thema, das Robinson auch in seinen anderen Romanen umtreibt, wenngleich sie wie *Antarctica* (1997) auf der Erde spielen.

Genauso wie die menschliche Kolonie auf dem Mars eine gängige Science-Fiction-Trope darstellt, sind es auf dem Mars lebende Außerirdische. Marsianer stehen für das »Andere«, in dem sich menschliche Hoffnungen und Ängste spiegeln. In dem humanistischen Klassiker *Auf zwei Planeten* (1897) von Kurd Laßwitz treffen technisch und gesellschaftlich höher entwickelte »Martier« und Erdenmenschen des ausgehenden 20. Jahrhunderts aufeinander. Auch die Marsianer in Alexander Bogdanows Werk *Der rote Stern* (auch fälschlicherweise mit *Der rote Planet* übersetzt)[42] (1908) sind hochentwickelt und haben entsprechend der politischen Überzeugung des Autors eine vorbildhafte kommunistische Idealgesellschaft verwirklicht. Beide Male dient der Mars dazu, die Möglichkeit einer gesellschaftspolitischen Utopie aufzuzeigen. In *Auf zwei Planeten* kippt die zunächst freundliche Begegnung allerdings, als die Martier, die Krieg und Militarisierung eigentlich ablehnen, die Menschen doch gewaltsam zur pazifistischen gesellschaftlichen Weiterentwicklung zwingen wollen. Am Ende kann der Konflikt gelöst werden, doch Überfälle von Marsianern mit dem Ziel, die Menschheit zu vernichten oder zu unterwandern, haben eine lange Tradition in der Science-Fiction.

In dem Literaturklassiker *The War of the Worlds* (1898) von H.G. Wells, der mehrmals adaptiert und verfilmt wurde, greifen kriegerische Marsianer die Erde an, um die Menschen zu beseitigen. Besonders bekannt ist die Radioadaption von Orson Welles aus dem Jahr 1938, die bei der Ausstrahlung in den USA von den Zuhörer*innen teilweise für bare Münze genommen wurde und angeblich panikartige Tumulte auslöste (Schwartz 2015). Die Marsianer scheitern am Ende jedoch, weil sie nicht gegen menschliche Krankheitserreger immun sind. Die Verfilmung aus dem Jahr 1953 reiht sich ein in eine Vielzahl von US-Filmen aus den 1950er Jahren, die außerirdische Invasionen zum Thema haben wie neben anderen *The Thing from Another World* (1951), *In-*

vaders from Mars (1953), *Invasion of the Body Snatchers* (1956) oder *The Blob* (1958). Diese Filme zu Beginn des Kalten Krieges lassen sich u.a. als Spiegel der Furcht des Westens vor einer kommunistischen Invasion deuten (Fritsch et al. 2003: 17, 18; Pfeifenrath 2015: 71).

Doch umgekehrt können auch die Menschen eine Bedrohung für die Marsianer sein. In *The Martian Chronicles* (1950) beschreibt Ray Bradbury die Kolonisierung des Planeten Mars mit seinen marsianischen Bewohnern durch die Erde in den Jahren 1999 bis 2026, was unschwer als Kritik an der Besiedlung der USA auf Kosten der indigenen Bevölkerung und ganz allgemein an kolonialistischen Bestrebungen auf der Erde zu verstehen ist. In ähnlicher Weise kann die Kolonisierung des Mars mit seinen Bewohnern, den »Bleekmen«, in Philip K. Dicks Roman *Martian Time-Slip* (1964), der im Jahr 1994 spielt, als Metapher für die westliche Kolonisierung indigener Völker stehen. Zudem bildet der Mars für Dick als fremder Lebensort den Hintergrund für Spekulationen über Themen wie soziale Kontrolle, Geisteskrankheiten und medikamentöse Behandlungen sowie die Physik der Zeit (Weeber 2016). Als Ausgangspunkt für gesellschaftliche Kritik und Provokation dient der Mars in *Stranger in a Strange Land* (1961) von Robert A. Heinlein. Die Geschichte dreht sich um einen jungen irdischen Mann, der auf die Erde »zurückkommt«, nachdem er auf dem Mars geboren und von Marsianern großgezogen worden ist. Unbeeindruckt von den Konventionen auf der Erde gründet er, nach marsianischen Prinzipien, die sexuell freizügige »Church of All Worlds«, um die Menschen und ihre Kultur weiterzuentwickeln – nicht zuletzt, um wiederum einem Angriff durch die Marsianer zu entgehen. Das Böse-Marsmännchen-Narrativ nimmt *Mars Attacks!* (1996) Jahre später komplett auf die Schippe. In Tim Burtons Persiflage greifen die kleinen grünen Männchen mit großen Glubschaugen und fiesem Grinsen erbarmungslos und zunächst ungehindert die Erde an. Weder Diplomatie noch Atomwaffen noch Bakterien können sie stoppen, nur gegen kitschige Musik sind sie nicht immun: Bei den hohen Tönen von *Indian Love Call* aus dem Broadway-Operetten-Musical von 1924 explodieren ihre Köpfe, und die Erde ist gerettet.

Doch was, wenn die Menschen selbst ursprünglich von Marsianern abstammen? Der US-Film *Mission to Mars* (2000)[43] macht aus dem sogenannten »Marsgesicht« ein Zeichen unserer Vorfahren. Das Marsgesicht ist eine natürliche Formation in der Cydonia-Region des Mars, die zufälligerweise Ähnlichkeit mit einem menschlichen Gesicht besitzt. Es wurde 1976 durch die Raumsonde Viking 1 »entdeckt« und dient seither als Referenz in Fiktion und Popkultur. Im Film verlassen die ursprünglichen Marsianer das nach einem Asteroideneinschlag sterbende Ökosystem des Mars in Raumschiffen, setzen Genmaterial in die Meere der Erde, woraus sich Leben sowie schließlich die Menschen entwickeln, und hinterlassen das Marsgesicht, damit die Menschen Kontakt mit ihren Vorfahren aufnehmen können.

Eine andere Geschichte, die auf ähnliche Weise mit einem Mythos spielt, wird in dem spanischen Film *Náufragos* (2001) erzählt. Hier entdeckt eine Gruppe von Mars-Astronaut*innen in den Valles Marineris eine labyrinthartige Tunnelstruktur mit zum Teil erdähnlichem Druck und Sauerstoffgehalt und mit mumifizierten menschenähnlichen außerirdischen Wesen. Der Film legt nahe, dass die menschenähnlichen Marsianer die Tunnel künstlich angelegt haben und wohl auf irgendeine Art und Weise unsere Vorfahren sind. Der Plot baut auf dem Phänomen der sogenannten »Marskanäle« auf, feine Linienstrukturen, die erstmals 1877 von dem italienischen Astronomen Giovanni Schiaparelli bei Marsbeobachtungen entdeckt wurden und die sich in den 1930er Jahren als optische Täuschungen entpuppten. Bis dahin wurde über die Kanäle als Lebensspuren oder Kunstbauten von Marsianern spekuliert, was den Nährboden zahlreicher Science-Fiction-Geschichten um überlegene marsianische Außerirdische, wie im erwähnten Roman *Auf zwei Planeten*, bildete. Alexei Tolstois *Aëlita* (1923) kann hier als Paradebeispiel eines Romans gelten, der viele der zu seiner Entstehungszeit kursierenden Mythen und Vorstellungen verknüpfte. So sind die Marsianer in dem kommunistisch geprägten »Revolutionsdrama« (Haul 2018) eine untergehende Hochkultur auf dem sterbenden Mars, die aus einst von der Erde geflohenen Einwohnern von Atlantis hervorgegangen ist, welche sich mit den einheimischen Marsbewohnern vermischt haben. Den Spuren dieser Marsgeschichten folgen Angela und Karlheinz Steinmüller in ihrer Erzählung *Marslandschaften* (2020), in der ein junger Mann um 1900 in Séancen Kontakt zu einem geheimnisvollen Marsmenschen aufnimmt, der sein Seelenverwandter zu sein scheint.

Dass wir aber selbst die Außerirdischen sind, die die Erde bevölkert haben – wenn nicht unbedingt vom Mars aus –, ist ein beliebtes Motiv, das man in so verschiedenen Werken wie Ursula Le Guins *Hainish Cycle,* im *Alien*-Franchise oder im Revival von *Battlestar Galactica* wiederfindet (Hauser/Novian 2015). Hier ist also Elon Musks Traum einer multiplanetaren Menschheit in der Fiktion schon lange wahr geworden – wir sind nicht allein im All, sondern Abkömmlinge oder Verwandte einer größeren Familie. Mit einem Wandel in der Kultur und Geschichtsauffassung lässt sich eine Veränderung der Bedeutung des Mars feststellen, von »monstrous invaders« zu »either comical, insignificant, or friendly ancestors« (Badmington 2004: 11). Die verschiedenen Bilder der Marsianer sind also eine Projektionsfläche für menschliche Fragestellungen und Werte, die je nach Zeitgeist über- oder unterlegen sind, friedfertig oder gewalttägig, Opfer oder Täter – oder schlicht Witzfiguren.

Im Sinne des Zeitgeists kann der Mars auch als postmoderne Chiffre verwendet werden. In Reinhard Jirgls *Nichts von euch auf Erden* (2013) ziehen die rücksichtsloseren und stärkeren Menschen im 23. Jahrhundert aus, um auf Mond und Mars neue Zivilisationen zu gründen. Die Menschen auf dem Mars, wegen seiner blutroten Farbe nach dem mythologischen Kriegsgott benannt, entwickeln sich buchstäblich zu gewalttätigen und kriegerischen Marsianern, die schließlich auf die friedliche, aber degenerierte Erde zurückzukehren und die Macht an sich reißen. Nachdem im Verlauf der Geschichte alles Menschliche zerstört wird, bleiben nur die KI-ähnlichen »morphologischen Bücher«, die nach dem Ende alles Lebens selbständig die Geschichte weiterschreiben. Georg Klein nutzt in seinem zur gleichen Zeit erschienenen Roman *Die Zukunft des Mars* (2013) eine geheimnisvolle, einst von Kosmonauten gegründete Marskolonie, um über »die kulturstiftende und -erhaltende Kunst des Erzählens bei sich wandelnder Welt« zu schreiben (Meller 2013). In beiden Werken geht es um die Weitererzählung, Aufarbeitung und Geschichtswerdung der Vergangenheit vor dem Hintergrund einer im Niedergang befindlichen Menschheit. Der Mars verspricht Hoffnung, doch während er bei Jirgl »nur ein weiterer Spielort menschlicher Grausamkeiten wird«, lernen wir ihn bei Klein »als nicht ganz so düster, sondern eher als privilegierten Ort kindlicher und dichterischer Phantasie« (Werlitz 2014) kennen. Ob eher dystopisch oder hoffnungsfroh, beide Male ist es nicht der Fortschritt, sondern das Erzählen, das unsere Gesellschaft ausmacht.

3.3 Möglichkeiten zur Einigung der Menschheit

Nicht nur im Kontakt mit Mars und Marsianern, sondern mit dem Weltraum und Außerirdischen im Allgemeinen spielt Science-Fiction verschiedene Wunschvorstellungen und Gedankenexperimente durch, wenn es um eine mögliche Einigung der Menschheit geht. Was Susan Sontag 1965 über US-Science-Fiction-Filme der Zeit schreibt, kann auch heute noch Gültigkeit beanspruchen:

> »Yet at the same time the bellicosity of science fiction films is neatly channeled into the yearning for peace, or for at least peaceful coexistence. Some scientist generally takes sententious note of the fact that it took the planetary invasion or cosmic disaster to make the warring nations of the earth come to their senses, and suspend their own conflicts. One of the main themes of many science fiction films [...] is this UN fantasy, a fantasy of united warfare. [...] Science – technology – is conceived of as the great unifier. Thus the science fiction films also project a utopian fantasy«. (Sontag 1965)

Die utopische Idee einer Einigung der Menschheit – oder wenigstens eines Endes der Konflikte auf der Erde – kann sich demnach zum einen als Kampf aller Menschen gegen eine planetare Invasion durch Außerirdische bzw. eine kosmische Katastrophe wie einen Meteoriteneinschlag abspielen. Zum anderen und damit verbunden kann die Einigung durch gemeinsame Entwicklung von Wissenschaft und Technik gegen Invasion und Bedrohung sowie generell im Bereich der Raumfahrt begünstigt werden. Die beiden Möglichkeiten – die Bedrohung der Erde und/oder die verstärkte Zusammenarbeit und Abhängigkeit zwischen den Staaten – werden auch in der Politikwissenschaft als Möglichkeiten für »collective identity formation« angeführt (Wendt 1994). Darüber hinaus wird dem Kontakt des Menschen mit dem Weltraum insgesamt die Kraft zugeschrieben, die Menschheit einen zu können. Viele Astronauten, die im Weltraum waren, berichten vom sogenannten »Overview-Effekt«. Damit ist eine Veränderung in der Wahrnehmung gemeint, wenn man die komplette Erde vom Weltall aus sieht und sich ein Gefühl der Überwältigung angesichts der Zerbrechlichkeit und Einheit des Lebens einstellt: »It's the uncanny sense of understanding the ›big picture‹ and of feeling connected to and yet bigger than the intricate processes bubbling on Earth« (De Luce 2019). Doch warum finden viele eine geeinte Menschheit so erstrebenswert? Eine im besten Fall weltweit übergeordnet geltende politische Instanz verspricht Frieden und die Lösung globaler Probleme wie Kriege, Ausbeutung und Klimawandel. Voraussetzung dafür ist eine gemeinsame globale Identität, die so stark ist, dass sie Nationalismen, Rassismen oder religiöse Unterschiede überwindet. Demnach kann alles, was uns erkennen lässt, dass wir als Menschheit zusammen einen Planeten bevölkern, dazu führen, eine gemeinsame übergeordnete Menschheitsidentität zu entwickeln. So setzten sich auch viele Astronauten, die von dem Overview-Effekt berichten, insbesondere für Maßnahmen gegen die menschengemachte globale Erderwärmung ein (Yoder 2022).

Im Folgenden werde ich die Einigungsmöglichkeiten zunächst anhand von Science-Fiction-Beispielen in der Zusammenarbeit bei der Weltraumexploration darstellen, bevor ich zu Beispielen von kosmischen Desastern und Invasionen komme. Die Weltraumexploration eröffnet in ihrer wissenschaftlich-technischen Ausrichtung ein Potenzial für internationale Zusammenarbeit von Staaten, die sonst wohl nicht zusammenarbeiten würden. Ein zaghaftes Beispiel für eine solche Kooperation findet sich in Andy Weirs *The Martian,* da Mark Watney mit nicht unerheblicher Hilfe der China National Space Administration gerettet wird, die eine geheime Trägerrakete für die Rettungsaktion zur Verfügung stellt. Die Lösung eines technischen Problems bei einer gewagten Weltraummission kann die beiden großen Wirtschaftskonkurrenten USA und China immerhin für kurze Zeit zusammenführen. In Kim Stanley Robinsons *Mars Trilogy* führen die USA und Russland das eigentlich unter dem Dach der Vereinten Nationen stehende Kolonisierungsprojekt des Mars an. Die 1990er Jahre, in denen die Trilogie entstand, waren geprägt vom Aufbau der Internationalen Raumstation ISS, wo zunächst die USA und Russland zusammenarbeiteten und der sich dann die europäische Raumfahrtbehörde ESA mit gegenwärtig elf der Mitgliedsländer sowie die Raumfahrtbehörden von Kanada und Japan anschlossen. Die Erde versinkt im Roman in Krieg und Chaos, aber immerhin schließt sich die Marsbevölkerung zusammen und überwindet die alten Nationalismen.

In der Verfilmung der französischen Comicreihe *Valérian and Laureline* unter dem Titel *Valerian and the City of a Thousand Planets* (2017) ist es tatsächlich die Raumstation ISS, die erst für die Einigung der Erde steht und schließlich zum Hort der interplanetaren Verständigung wird. Zum Sound von David Bowies *Space Oddity* docken in der Anfangssequenz des Films immer mehr Staaten der Erde und ab dem Jahr 2150 auch Aliens sprichwörtlich an die Raumstation an. Zu groß, um weiter im Orbit der Erde zu bleiben, wird die nun »Alpha« genannte riesige Station in den Weltraum entlassen, wie es der Präsident der »World State Federation« ausdrückt: »As symbol of our values and knowledge it will carry a message of peace and unity to the farthest regions of the universe«. Auffällig an dieser schönen utopischen Idee der intergalaktischen Stadt ist jedoch, dass jede der neu hinzukommenden Nationen der Erde sowie später alle Alien-Zivilisationen von einem mittelalten bis älteren Herrn weißer Hautfarbe begrüßt werden – selbstverständlich per Handschlag. Die kunterbunte utopische intergalaktische Stadt wird also im Lauf der Jahrhunderte nicht ein einziges Mal von einer Frau, einer Person of Color oder einem Alien geleitet. Die Menschheit erscheint geeint, doch man sieht, dass Utopien sich jenseits der realen technischen Möglichkeiten immer nach dem Bild derer formen, die sie entwerfen.

Beispiele für kosmische Katastrophen, die wenigstens kurzfristig zur internationalen Zusammenarbeit führen, sind drohende Meteoriteneinschläge, die das Leben auf der Erde auszulöschen drohen, wie z.B. in den 1998 erschienenen US-Filmen *Deep Impact* und *Armageddon*. Selbstredend sind es am Ende männliche amerikanische Helden, die die Katastrophen unter Hingabe des eigenen Lebens abwenden. In der chinesischen Produktion *The Wandering Earth* (2019), die (sehr) lose auf der gleichnamigen Kurzgeschichte von Cixin Liu aus dem Jahr 2000 basiert, ist die Ausgangslage anders, die Geschichte aber ähnlich: Nachdem die Sonne ab dem Jahr 2067 anschwillt und in absehbarer Zeit die Erde zu verschlingen droht, sind die Nationen der Erde zwar gezwungen, das »United Earth Government« zu gründen. Am Ende ist es jedoch ein chinesischer Held, der sich opfert, um das Projekt, die Erde mithilfe von riesigen Antrieben aus unserem Sonnensystem zu schaffen, zum Erfolg zu führen. Es kann allerdings auch ganz anders ausgehen: In der US-Persiflage *Don't Look up* (2021) zerstört ein Meteorit am Ende die Erde, weil in blindem Technikglauben und ruchlosem Gewinnstreben bis in die höchsten politischen Kreise hinein keine gemeinsame und gemeinwohlorientierte Aktion mehr möglich ist. In einem postfaktischen Zeitalter wird ein Meteoriteneinschlag so zum Zeichen für die Spaltung der (Welt-)Gemeinschaft, nicht für ihre Einigung.

Nachhaltiger erscheint die globale Kooperation bis hin zur Einigung bei länger andauernden Bedrohungen durch Alien-Invasionen wie beispielsweise im *Independence-Day*-Franchise. Im ersten Teil aus dem Jahr 1996 greifen furchterregende Außerirdische die Erde an, doch im Kampf – freilich unter US-Führung – sind alle Nationen der Welt geeint. Die Aliens können mit einem Computervirus (nicht mit fragwürdiger Musik), das in das System des Mutterschiffs gespeist wurde, besiegt werden. Der Film ist ein Action-Spektakel, das vor coolen Sprüchen und weichgespültem US-Patriotismus nur so trieft, doch die Bedrohung durch Aliens ist im Gegensatz zu *Mars Attacks!* aus dem gleichen Jahr sehr ernst gemeint.

Beginnend mit dem Jahr 1996 baut der Film eine alternative Geschichtserzählung auf und setzt zwanzig Jahre später im Jahr 2016 mit der Fortsetzung *Independence Day: Resurgence* (2016) wieder ein. Die Vereinten Nationen haben mittlerweile die »Earth Space Defense« (ESD) gegründet, einen globalen militärischen Verteidigungs- und Forschungszusammenschluss, der die zurückgebliebenen außerirdischen Technologien für militärische Zwecke weiterentwickelt, um die Erde vor einer erneuten Invasion zu schützen. Die Welt ist mehr oder weniger politisch-militärisch geeint, die zerstörten Städte sind wiederaufgebaut und mit Alien-Technik modernisiert worden. Auf dem Mond, Mars und dem Saturn-Mond Rhea sind Basen eingerichtet worden, die als Frühwarnsystem und Verteidigungsstützpunkte dienen. Die Mondbasis als einer der hauptsächlichen Handlungsschauplätze wird von einem General aus China geleitet, seine chinesische Adoptivnichte ist Lieutenant und Pilotin und fliegt gemeinsam mit den Amerikanern. Die prominente Rolle Chinas entspringt nicht nur einem utopischen Wunschtraum nach internationaler Verständigung der beiden großen Konkurrenten USA und China, sondern ist wohl mindestens genauso der wachsenden realen Bedeutung Chinas für den internationalen Filmmarkt geschuldet; denn mit chinesischen Schauspieler*innen und Bezügen laufen die US-Filme auf dem chinesischen Markt besser, so jedenfalls die Annahme (Lukinbeal 2019; Xinhua News Agency 2022). Die Grundlage für die Einigung der Menschheit in *Independence Day: Resurgence* ist allerdings eine massive globale Militarisierung, die im Film selbst gefeiert wird. Da erstaunt es nicht, dass eine Marketing-Kampagne, die um den Beitritt zur fiktionalen

ESD aufgebaut war, als tatsächliches Recruiting-Tool für die US-Army diente (McIntosh 2016). Diese Zusammenarbeit ist nicht ungewöhnlich, insbesondere Filme mit Alien-Invasionen werden vom Pentagon gern mit Blick auf Propagandazwecke unterstützt (Löfflmann 2013).

Weitere Beispiele, in denen der andauernde Kampf gegen Aliens die Menschheit – jedenfalls militärisch – zusammenhält, sind Robert A. Heinleins *Starship Troopers* (1959) und Joe Haldemans *The Forever War* (1974). Der erste Roman preist eine faschistische Militärherrschaft, die »Terran Federation«, die einen langwierigen und blutigen interstellaren Krieg gegen abstoßende insektoide Riesenaliens führt. Der Kampf gegen die Außerirdischen wird dadurch legitimiert, dass diese in jeder Hinsicht unmenschlich sind und die Menschheit schlichtweg vernichten wollen. Die Menschen in der Terran Federation erhalten nur dann die vollen Bürgerrechte (wie das aktive und passive Wahlrecht), wenn sie im Militär gedient haben. Während Heinlein das, was er schreibt, durchaus ernst meint, kann Paul Verhoevens Verfilmung von 1997 als Satire gelten, die in ihrer Übertreibung die faschistoide Ideologie persifliert. Die Antwort auf *Starship Troopers* ist der Roman *The Forever War* (1974), in dem Haldeman seine Erfahrungen im Vietnamkrieg verarbeitet. Darin haben irdische Militärs einen Krieg mit den außerirdischen Taurans angezettelt, um die Weltwirtschaft zu stärken und die Menschheit im gemeinsamen Krieg zu einen. Damit der Krieg immer weitergeht, werden die Soldat*innen mit falschen Erinnerungen an Gräueltaten der Taurans ausgestattet, um sie zum Krieg anzutreiben, obwohl sie nie einem Tauran begegnet sind. Der Krieg dauert Jahrhunderte, bis die Menschheit anfängt, sich selbst zu klonen, was zu einer neuen, kollektiven Spezies führt, die sich schlicht »Man« nennt. Nun ist per Telepathie auch endlich die Kommunikation mit den höher entwickelten Taurans möglich, so dass der Krieg beendet werden kann. Beide Werke zählen zum Subgenre der Military Science-Fiction – wo Heinlein allerdings Militär und Krieg glorifiziert, übt Haldeman Kritik.

Doch so oder so, ohne Bedrohung scheint es keine Einigung zu geben. In dem Film *District 9* (2009) beispielsweise stranden unansehnliche insektenartige Außerirdische mit einem Raumschiff über Johannesburg, sind aber keine existenzielle Gefahr für die Menschheit. Sie werden unter prekären Umständen im District 9 nahe der südafrikanischen Stadt untergebracht und dienen als Folie für alle möglichen entrechteten, marginalisierten und ausgebeuteten Menschen weltweit – seien es People of Colour im südafrikanischen Apartheidsystem, Geflüchtete in den riesigen Lagern des Nahen Ostens oder Bewohner*innen von Slums. Es gibt keine globale Auswirkung des möglichen außerirdischen Kontakts, außer dass es nun auf einem Fleck der Erde eine Gruppe mehr gibt, die von anderen unterdrückt wird (Hermann 2015, 2018).

Wie Staaten und Gemeinschaften oft externe Feindbilder aufbauen, um eine bestimmte Gruppenidentität zu stärken, erscheint in der Science-Fiction durch die Jahrzehnte hindurch ein Alien-Angriff als der größte Garant für die Bildung einer gemeinsamen politischen Identität und einer gemeinsamen Weltregierung. So soll etwa US-Präsident Ronald Reagan dem damaligen Kreml-Chef Michael Gorbatschow bei einem Gipfel 1985 vorgeschlagen haben, im Falle einer Alien-Invasion zusammenzuarbeiten (Clarke 2015). Dabei muss die Logik gemeinschaftlichen Handelns den Erkenntnissen von Politikwissenschaft und Sozialpsychologie zufolge nicht zwangsweise auf ein »Common Other« abzielen, sondern kann auch durch Solidarität (Abizadeh 2005) bzw. die Erkenntnis eines gemeinsamen Schicksals, eines »common fate« (Sell/Love 2008) entstehen. Gerade die Science-Fiction bietet hier die Möglichkeit, verschiedene Szenarien auszuprobieren und Räume für Spekulationen zu eröffnen, wie es beispielsweise in *Star Trek* der Fall ist, wo sich die Menschheit durchaus als Schicksalsgemeinschaft solidarisiert.

3.4 Der utopische Star-Trek-Entwurf

Das *Star-Trek*-Franchise, das seit den 1960er Jahren kontinuierlich erweitert wird und bisher aus acht Serien, drei Animationsserien, 13 Kinofilmen und vielem mehr besteht, gilt als einer der wenigen utopischen Science-Fiction-Entwürfe, in dem die großen Konfliktpotenziale der Menschheit – Kapitalismus und Rassismus – der Vergangenheit angehören, so jedenfalls die Idee. In dieser Ausgangslage ergeben sich erstaunlich viele Parallelen zur damaligen Science-Fiction der DDR; diese dachte sich ganz ähnliche Zukünfte aus, in denen die sozialistischen Ideale verwirklicht sein würden; der technologische Optimismus verband sich mit gesellschaftlichem Fortschrittsglauben (Steinmüller/Steinmüller 2021: 310–325; Elstermann 2021).[44] Und schon Iwan Jefremows sowjetischer Science-Fiction-Roman *Andromedanebel* von 1958 beschreibt, wie sich die Menschheit in einer entfernten Zukunft bis über das Sonnensystem hinaus ausgebreitet und eine kommunistische Utopie mit all ihren fiktiven technischen, sozialen und kulturellen Errungenschaften verwirklicht haben wird. Immerhin schon 1966 war die Menschheit – Überwindung der irdischen Nationalstaaten inklusive – in der ARD-Serie *Raumpatrouille – Die phantastischen Abenteuer des Raumschiffes Orion* im All.

In der wissenschaftlich-technisch detailliert plausibilisierten Future History des *Star-Trek*-Schöpfers Gene Roddenberry hat sich die Menschheit nach einem Dritten Weltkrieg berappelt und – nach Entwicklung des Warp-Antriebs – mit anderen gleichgesinnten Außerirdischen den interplanetaren Verbund der United Federation of Planets – die »Föderation« – gegründet. Die erste Serie *Star Trek: The Original Series* (TOS) (1966–1969) spielt im 23. Jahrhundert und dreht sich um die Abenteuer des Erkundungsraumschiffs Enterprise, auf dem die Crewmitglieder mit ihrem jeweiligen afrikanischen, asiatischen, westeuropäischen und russischen Hintergrund friedlich zusammenleben und -arbeiten – angeführt freilich von dem US-amerikanischen Captain James T. Kirk. In der damaligen Zeit, mitten im Ost-West-Konflikt und vor dem Hintergrund der erst kurz zuvor abgeschafften Segregation in den USA, war die Serie eine progressive Provokation. Auf *TOS* und insgesamt sechs Kinofilme (1979–1991) mit der Crew um Captain Kirk folgte die Fortsetzung als Serie *Star Trek: The Next Generation* (TNG) (1987–1994), die im 24. Jahrhundert auf einer Nachfolge-Enterprise spielt. Hier werden nun mit dem besonnenen Captain Jean-Luc Picard und seiner Crew die Werte und Prinzipien der Föderation weiterentwickelt und im Rahmen von vielen Episoden mit explizit ethischem und politischem Hintergrund ausgebreitet. Die Föderation steht dabei für liberale Demokratie, wissenschaftlichen Fortschritt und Vernunft sowie für einen säkularen Humanismus, der die Menschenrechte betont und das Individuum ins Zentrum stellt (Barrett/Barrett 2001: 9). Diese modernen Werte gelten erst einmal in der Föderation selbst als verwirklicht. Eine große Errungenschaft ist in diesem Zusammenhang die Überwindung des kapitalistischen Wirtschaftssystems. Diese ist durch technische Entwicklungen geglückt, nämlich zum einen durch die endlose Verfügbarkeit von Energie und zum anderen durch die Hinfälligkeit jeglicher Knappheitsprobleme, denn alles, was benötigt wird, kann durch »Replikatoren« erzeugt werden (Saadia 2016). Captain Picard erklärt dazu im Film *Star Trek: First Contact* (1996):

»The economics of the future are somewhat different. [...] You see money doesn't exist in the 24th century. [...] The acquisition of wealth is no longer the driving force in our lives. We work to better ourselves and the rest of humanity«.

Die Tatsache, dass es keine wirtschaftliche Knappheit mehr gibt und niemand mehr für seinen Lebensunterhalt arbeiten muss, kann jedoch nicht darüber hinwegtäuschen, dass das soziale Gefüge in *Star Trek* durchaus als kapitalistisch organisiert betrachten werden kann: So konterkarieren die Enterprise als »workplace for hierarchically organized immaterial labor« und die in *Star Trek* augenscheinliche »dedication to competition as a fundamental human quality« das vermeintlich postkapitalistische Umfeld (Hassler-Forest 2016: 55). Dazu passen einerseits die starken Hierarchien, die sich insbesondere in der Organisation von »Starfleet« ausdrücken, dem militärischen Arm der Föderation. So sind die jeweiligen Enterprises und alle anderen Schiffe und Raumstationen durch strenge Befehlsketten, disziplinierte Pflichterfüllung und Uniformen mit Status und Rangabzeichen geprägt, was nicht recht mit dem humanistischen Wertekanon konform zu gehen scheint. Andererseits passt dazu auch der *Star Trek*'sche Humanismus, der hohe moralische Anforderungen und ausgeprägte Leistungsbereitschaft an das Individuum stellt. So merkt der Literaturwissenschaftler Thomas Richards an, dass die Serie unerbittlich in ihrer Wertschätzung für ein einzelnes Menschenleben sein könne und auf einer kaum näher untersuchten Voraussetzung aufbaue: »that individuals must develop to their fullest possible extent, and to their fullest possible capacity« (Richards 1997: 69).

Die *Star-Trek*-Werte sollen aber auch ins Weltall getragen werden, die »Final Frontier«, wie es im Intro bei *TOS* und *TNG* heißt.[45] Das ist nicht unkritisch zu sehen, denn *Star Trek* ist eine

Referenz zur »Western Frontier«, der Ausbreitung der Pioniere in den Westen der USA (Westfahl 2000: 1–3) – die sowohl mit technischem Fortschritt als auch der gewaltsamen Verdrängung der indigenen Bevölkerung einherging (Lehmkuhl 2009). Da es sich bei der Enterprise um ein »Schiff« handelt, bietet es sich auch an, *Star Trek* als Adaption von früh- bis spätmodernen nautischen Erkundungen und Eroberungen der technisch überlegenen westeuropäischen Mächte mit dem Ziel der Kolonisation zu sehen:

> »Maritime exploration and the technological superiority of the ships in which modern western powers ›discovered‹ and colonized ›new worlds‹ are themes played on and replayed in Star Treks imagination of space«. (Barrett/Barrett 2001: 14)

Dieser Historie der Kolonisierung wird in *Star Trek* mit der »Prime Directive« etwas entgegengestellt. Die Prime Directive besagt, dass sich die Föderation nicht in die Entwicklung anderer, vermeintlich weniger entwickelter Zivilisationen einmischen darf. Doch ähnlich wie bei den Asimov'schen Robotergesetzen, die gerade durch ihr Nicht-Funktionieren spannende Robotergeschichten ermöglichen (siehe Abschnitt 2.2), handelt es sich bei der Prime Directive eher um eine Science-Fiction-Trope, die sich dadurch auszeichnet, dass sie ständig gebrochen wird:

> »But as any Star Trek fan can tell you, there is more, or maybe less, than meets the eye when it comes to the Prime Directive. Star Trek writers seem never to tire of storylines in which violation of the Prime Directive strikes starship captains and Star Trek fans alike as not only attractive but imperative. In many situations, it turns out, the Prime Directive is neither the primary concern nor an inviolable directive«. (Peltz-Steele 2003)

Dabei geht es im Sinne der Föderation nicht um eine Form von Ausbeutung der Ressourcen – denn es gibt ja keine Knappheit mehr –, sondern um einen Technologie- und Wertetransfer hin zu den »unterlegenen« Alien-Zivilisationen. Wie die Föderation allerdings von anderen Populationen – egal welchen Entwicklungsstands – wahrgenommen werden könnte, die nicht Teil von ihr sind, zeigen die immer wieder auftauchenden Folgen in *TOS* und *TNG*, aber auch *Star Trek: Deep Space Nine (DS9)* und *Star Trek: Discovery*, die im »Mirror Universe« spielen. In diesem düsteren Paralleluniversum sind die humanistischen Werte über Bord geworfen, die Föderation wird zum repressiven und kriegerischen »Terran Empire« mit seinen aggressiven, brutalen und opportunistischen Charakteren. Zeigt das Mirror-Universe durch seine Negativität das Positive der »richtigen« Föderation oder übt *Star Trek* hier am Ende sogar Selbstkritik an dem Anspruch der Föderation, dem Universum Frieden und Freiheit zu bringen? Oder haben wir es bei der Föderation gerade mit einem Werte-Imperialismus zu tun, der sich dadurch legitimieren möchte, das Universum nicht wie das Terran Empire mit Krieg und Unterdrückung zu überziehen, sondern mit Frieden und Menschenrechten? Dabei funktionieren die Ideale der Föderation nur, wenn die anderen außerirdischen Zivilisationen den Werte- und Kulturkanon teilen bzw. sich ihm unterwerfen. Was die Klingonin Azetbur davon hält, wird in *Star Trek VI: The Undiscovered Country* (1991) in ihrer Antwort auf Pavel Chekov aus Kirks Crew bei einem offiziellen Dinner klar:

»Chekov: We do believe all planets have a sovereign claim to inalienable human rights.
Azetbur: Inalien? If you could only hear yourselves. Human rights. Why, the very name is racist. The Federation is no more than a ›homo sapiens only‹ club«.

Hier wird der Konflikt deutlich zwischen einerseits als universell und prinzipiell betrachteten modernen liberalen Werten, die für jedes Individuen in Form von Menschenrechten gelten, und andererseits der sozialen Konstruktion dieser Werte. Darf oder soll man gar diese Werte anderen Kulturen aufzwingen? Doch selbst wenn wir glauben, dass im *Star-Trek*-Universum innerhalb der Menschheit die Menschenrechte voll verwirklicht sind, werden Rassismus und Ressentiments in der serieneigenen Logik schlichtweg ins Weltall verlagert. Sie weichen einer Hierarchie kultureller Differenz von außerirdischen Zivilisationen (Hassler-Forest 2016: 53), die zu einer Projektionsfläche werden: Da gibt es die bewunderten rationalen Vulkanier und ihren negativen Gegenpart, die sich überlegen fühlenden und andere Spezies unterdrückenden Romulaner; es gibt die martialischen imperialistischen Klingonen als US-amerikanischer Spiegel der damaligen Sowjetunion und das Kollektiv der Borg als Bedrohung von Individualität durch technische Überlegenheit, was sich durchaus auf China beziehen lässt; es gibt die raffgierigen Ferengi als Auslagerung der negativen Effekte eines gierigen Wild-West-Kapitalismus und die hinterlistigen Cardassianer als Bild für Ressourcenhunger usw. Dieser Umgang der Föderation mit außerirdischen Zivilisationen, die Legitimation von Interventionen, der Einsatz von militärischer Gewalt und die Darstellung des Mirror-Universe lassen sich insbesondere auch als Spiegel der US-Außenpolitik der jeweiligen Zeit und der Rolle der USA im internationalen Gefüge deuten (Hantke 2014; Neumann 2011; Weldes 1999).

Über die Jahrzehnte hinweg lässt sich an *Star Trek* allerdings auch die Emanzipationsgeschichte von Frauen und anderen benachteiligten Personengruppen in der Gesellschaft ablesen. Dabei ist *Star Trek* einerseits vom Zeitgeist beeinflusst, hatte aber andererseits selbst prägende Wirkung (Visitor i.E.). War es in den

1960er Jahren noch undenkbar, den ersten Offizier der Enterprise mit einer Frau zu besetzen, wie von Gene Roddenberry ursprünglich geplant (Barrett/Barrett 2001: 10), gibt es bei *Star Trek: Discovery* (seit 2017) nicht nur eine Frau mit dunkler Hautfarbe in der Hauptrolle der Michael Burnham, sondern auch viele weitere zentrale Frauenfiguren wie Captain Philippa Georgiou malaysischer Herkunft oder Crewmitglied Sylvia Tilly, die nicht den gängigen Körperbildern entspricht. Doch auch schon in *TOS* kann die dunkelhäutige Kommunikationsoffizierin Nyota Uhura aus den »United Nations of Africa« als positives Role Model gelten: Sie hat eine Führungsposition inne und mit Kirk teilt sie zwar nicht den ersten »interracial kiss« im Fernsehen, aber den bis dato prominentesten. In den Filmen ab 1979 verschwanden dann auch die kurzen Kleider und der offensichtliche Sexismus, bis die Frauenfiguren über *TNG* und *DS9* zunehmend stärker wurden und schließlich in dem ersten weiblichen Captain Kathryn Janeway als Hauptrolle in *Star Trek: Voyager* gipfelten.

Weiter gab es in *DS9* in der Episode *Rejoined* auch einen romantischen Kuss zwischen dem weiblichen Crewmitglied Jadzia Dax und ihrer früheren Frau – beide gehören der Spezies der Trill an, die mithilfe eines Symbionten verschiedene »Wirtskörper« annehmen können – eine Szene, die im Jahr 1995 bei der Erstausstrahlung der Episode in den USA noch Kontroversen auslöste. Daneben wird in der neuen »Kelvin Timeline« des Films *Star Trek: Beyond* (2016) am Rande gezeigt, dass das Enterprise-Crewmitglied Hikaru Sulu homosexuell ist und mit seinem Partner ein Kind adoptiert hat; doch erst in *Discovery* gibt es ein schwules und »interracial« Paar an Bord – den Schiffsingenieur und den Schiffsarzt –, das seine Beziehung ganz selbstverständlich ausleben kann; auch hat *Discovery* ab Staffel 3 sowohl einen Transgender- als auch einen Non-Binary-Charakter eingeführt, die auch in einer Liebesbeziehung stehen (Mittermeier/Spychala 2020). In Sachen Inklusivität und Diversität ist *Star Trek* also durchaus fortschrittlich – neben all den technischen Erfindungen, die zweifelsohne als Inspiration für reale Tech-Entwicklung gelten, wie sprechende Bord-Computer und Tablets sowie der medizinische Tricorder oder die virtuelle Umgebung des Holo-Decks. Wie bessere Gesellschaften aussehen könnten, ist eine Frage, die sich nicht nur in *Star Trek* stellt. Die Möglichkeit, die Geschichten zeitlich in die Zukunft und örtlich ins Weltall zu verlegen, erlaubt es, Ideen alternativer Gesellschaftsformen zu entwickeln und durchzuspielen.

3.5 Moderne Space Operas als sozialpolitischer Spiegel

Durch das Erschaffen neuer Welten und den Kontakt mit dem Fremden bestärkt die Science-Fiction bestimmte Sichtweisen oder fordert diese heraus, sie wird zum Spiegel gesellschaftspolitischer Verhältnisse und zur Möglichkeit von deren Kritik. In Ursula Le Guins *Hainish Cycle* (1966–2000), der aus einer Reihe von Science-Fiction-Werken besteht, gehen alle menschlichen Zivilisationen auf frühere Kolonien der friedlichen »Hain« zurück, so auch die unsrige auf dem Planeten Terra. Einige der Planeten haben sich zum »Ekumen« zusammengeschlossen, einer politischen und wirtschaftlichen Konföderation. Die verschiedenen Gegebenheiten auf den Planeten bilden nun den Hintergrund für Gedankenexperimente und politische Kritik. So ist *The Word for World is Forest* von 1972, wo Militärs auf einem Waldplaneten einfallen und die Bevölkerung abschlachten, unschwer als Kritik am Vietnam-Krieg der USA zu erkennen. *The Dispossessed* (1974) stellt eine sozialistische Gesellschaft auf dem kargen Mond Anarres einer hyperkapitalistischen verschwenderischen Welt entgegen. Während in letzterer die Ungerechtigkeiten und Ungleichheiten offensichtlich erscheinen, sind diese auch auf Anarres vorhanden, bleiben aber verdeckt und unausgesprochen. Dennoch ist Le Guins Geschichte nicht hoffnungslos. Ganz im Gegenteil zeigt sie, dass es keine fehlerfreien Systeme gibt, es sich aber dennoch lohnt, ein jeweils besseres erreichen zu wollen und auch dafür zu kämpfen.

The Left Hand of Darkness (1969), das zu den ersten Werken feministischer Science-Fiction zählt, zeigt den Planeten Gethen, auf dem es keine permanent unterschiedlichen Geschlechter und somit keine Geschlechterungerechtigkeiten gibt. Die Gethianer sind für etwa drei Viertel des Monats androgyn und bilden nur in der restlichen Zeit wechselweise männliche oder weibliche Geschlechter; während dieser Zeit sind sie sexuell aktiv und zur Fortpflanzung fähig. Da Sexualität dadurch keinen ständigen Faktor im Beziehungsgefüge darstellt, kein Gethianer eine Veranlagung für ein bestimmtes Geschlecht hat und die Reproduktionsarbeit fair verteilt ist, gibt es keine Geschlechterdiskriminierung und sexuelle Gewalt. Ein anderes Thema des Romans ist die Gegenüberstellung eines monarchischen und eines bürokratischen Herrschaftssystems auf dem Planeten, die unabhängig von den abwesenden Geschlechterkonflikten zu jeweils unterschiedlichen Formen von politischen Machenschaften, Konflikten und Misstrauen führen. Auch hier ist Le Guins Ansatz wie in *The Dispossessed* weder gänzlich utopisch noch völlig dystopisch, sondern zeigt, dass es unsere menschliche Aufgabe ist, politische Systeme und deren Herrschaftsansprüche immer wieder neu zu verhandeln und zu legitimieren.

Le Guins *Hainish*-Universum ist aus der Entstehungszeit heraus eher als Gegenentwurf zum Genre der Space Opera zu verstehen. Der Begriff Space Opera wurde in den 1940er Jahren als negative Beschreibung der Weltraumhelden-Abenteuer mit großen Schlachten und einfacher Story in US-Pulp-Magazinen wie *Flash Gordon* oder *Captain Future* verwendet[46] und wird aus dieser Tradition heraus für seinen imperialistischen Geist kritisiert. Doch ab den 1990er Jahren wurde die Space Opera u.a. von Dan Simmons mit seinen *Hyperion Cantos* (1989–1997) und Iain Banks mit der *Culture series* (1987–2012) rehabilitiert; die Werke spannen große komplexe gesellschaftliche Weltraumentwürfe auf, die gerade das »(naiv-)imperialistisches Erbe transzendieren« (Neuhaus 2003). Als ein aktueller großer Erneuerer des Genres gilt der chinesische Schriftsteller Cixin Liu mit seiner *Trisolaris Trilogie* (2006–2010), der nicht nur in der angloamerikanischen westlichen Science-Fiction für Furore sorgte, sondern dem es gelang, »die Sichtweise der Chinesen auf Science-Fiction-Literatur neu und positiv zu bestimmen« (Heidorn 2019). Mittlerweile hat sich der Begriff also von den negativen Assoziationen gelöst und wird gerade auch für Science-Fiction verwendet, die tiefgründige Geschichten von Zivilisationen und komplexen Konflikten im Weltall erzählt (Cramer/Hartwell 2007) und dabei ein »canny engagement with contemporary cultural politics in the age of globalization« (Winter 2016) auszeichnet. Die unterschiedlichen Definitionen von Space Opera sind nun allerdings durchaus widersprüchlich; so können die Geschichten mehr sozialer, politischer oder philosophischer Natur sein, sie können die imperialistische Tradition weiter stärken oder kritisieren, sie können technisch sehr genau im Verständnis von Hard Science-Fiction sein, den Fokus mehr auf Charakterentwicklung und Emotionen legen, sie können vom Entstehen und Sterben ganzer Galaxien oder kleinen Einzelschicksalen handeln; und so kann man für Le Guins *Hainish Cycle* heutzutage doch schon die Einordnung als Space Opera finden. Die folgenden Beispiele, die als kritischer Spiegel und Gedankenexperimente für sozialpolitische Fragestellungen dienen, bezeichne ich daher ohne pejorativen Beiklang als Space Opera.

So setzt sich Dietmar Dath in seinen Romanen *Venus siegt* (2015) und *Neptunation* (2019) mit der Möglichkeit gerechter Gesellschaften und deren Einschränkungen durch politische Machenschaften auseinander. Dazu entfesselt er gewaltige marxistische Ideenfeuerwerke und verknüpft in einer zukünftigen Welt sozialen und technologischen Fortschritt miteinander. Die angepassten und optimierten Menschen streben auf den Planeten unseres Sonnensystems mit idealistischen Revolutionen, Computern und Maschinen, aber auch mit blanker Gewalt nach einer besseren gesellschaftlichen Ordnung. Immer geht es dabei um die Selbstbestimmung der Menschheit, die Befreiung von Ausbeutung und das persönliche Recht, ein erfülltes Leben zu führen. Doch oft genug werden kollektiv oder individuell verhängnisvolle Entscheidungen getroffen, was in neue Abhängigkeiten führt – aber nicht ohne einen großen Erkenntnisschritt nach vorn gemacht zu haben.

Weniger utopisch-revolutionär als vielmehr realpolitisch geht es in der neunteiligen *The-Expanse*-Reihe (2011–2021) des US-amerikanischen Autorenduos James S.A. Corey zu, aus der die gleichnamige Serienadaption hervorgegangen ist (2015–2022). Im 24. Jahrhundert hat sich die Menschheit mithilfe des fiktionalen Epstein Drive über den Mars bis zum Asteroidengürtel ausgedehnt. Während die Erde von den zukünftigen Vereinten Nationen regiert wird, hat sich auf dem Mars die militärisch hochgerüstete »Martian Congressional Republic« etabliert; die beiden planetarischen Großmächte stehen sich in Misstrauen und Konkurrenz gegenüber. Mit beiden wiederum in Konflikt befindet sich die »Outer Planets Alliance« (OPA), die die Interessen der Bewohner des Asteroidengürtels, der »Belter«, vertritt, von denen die meisten unter prekären Bedingungen leben und arbeiten müssen. Die interplanetaren Beziehungen folgen einem Politikbild des Neorealismus, in dem gemeinhin jeder Akteur sich selbst der Nächste ist, eigene strategische Interessen auch in gemeinsamen Bedrohungssituationen Priorität haben und Kooperation nur aus taktischen Gründen erfolgt (Masala 2010). Den utopischen Wurf gibt es nicht. *The Expanse* zeigt eine neorealistische Extrapolation von politischen Konstellationen aus Gegenwart und Vergangenheit, seien es der militärische und ideologische Konflikt zwischen den USA und der Sowjetunion im Kalten Krieg, Rohstoffausbeutung, Unterdrückung und Emanzipationsbewegungen im Zuge der europäischen Kolonialisierung sowie eine Vielzahl von Ressentiments gegenüber Andersartigkeit (Sönnichsen 2018). Die Abwertung zielt dabei nicht (mehr) auf Frauen und People of Color – ganz im Gegenteil, die Charaktere in den Büchern wie in der Serie sind divers beschrieben und besetzt, »[t]here's no glass ceiling in *The Expanse*, either for women or for characters of color« (Robinson 2016) –, sondern auf neue Repräsentanten von Minderwertigkeit wie die Belter, die sich durch die geringe Schwerkraft auch physisch verändert haben. Ähnlich wie die innerhalb der Menschheit überwundene Diskriminierung im *Star-Trek*-Franchise auf verschiedene außerirdische Spezies übertragen wird, trifft sie nun die Belter als neue ausgegrenzte Gruppe. Darüber hinaus kann man die Serie auch als inhärente Kritik an den aktuellen globalen kapitalistischen und extraktiven Strukturen lesen:

> »In this way, the series suggests that more accumulation is never the answer to crisis; equally, there is no technological fix to the property relations that accumulation requires. Whether it is the real-world climate crisis or the fictional Belter uprising of the series, the only way out of the quagmire is collective politics that are fundamentally at odds with the property relations of capital accumulation«. (Bellamy/O'Brien 2018: 526, 527)

Ob *The Expanse* aber tatsächlich Kritik an diesen aktuellen globalen Zuständen übt oder sie in der Fortsetzung der Geschichte sogar als unumstößlich hinstellt und damit verstärkt, bleibt der individuellen Interpretation der Betrachtenden überlassen.

Auch im Revival der ursprünglich aus den 1970er Jahren stammenden Science-Fiction-Serie *Battlestar Galactica (BSG)* (2004–2009) wurde der Cast weiblicher und diverser – ein Ausdruck der sozialen Entwicklungen in den gut dreißig Jahren, die zwischen den ersten Folgen und der Neuauflage liegen. Im *BSG*-Universum stammen die Menschen von dem Planeten Kobol aus einem anderen Teil der Galaxie und haben von dort aus zwölf Kolonien auf verschiedenen Planeten gegründet. Nach einem gescheiterten Genozid-Versuch durch die Maschinen-Zivilisation der »Cylons« (Zylonen) kämpfen die letzten überlebenden Menschen nun in einer kleinen Low-Tech-Raumschiffflotte um den alten Kampfstern Galactica in einem archaischen Universum um ihr Fortbestehen. Ihr Hoffnungsschimmer ist es, die sagenumwobene 13. Kolonie zu erreichen: die Erde. In dieser Extremsituation werden viele gesellschaftliche, politische, aber auch religiöse Fragen aufgegriffen, die die USA und die Welt vor allem seit dem politischen Paradigmenwechsel nach den Terroranschlägen des 11. September 2001 bewegt haben (Kiersey/Neumann 2013). Einzelne Charaktere und die verbliebene menschliche Gesellschaft finden sich immer wieder in Dilemma-Situationen wieder: Hat die Politik oder hat das Militär das Sagen in Krisenzeiten, und dürfen Freiheiten zugunsten erhöhter Sicherheit eingeschränkt werden? Ist Folter in bestimmten Fällen gerechtfertigt bzw. dürfen Informationen aus Angst vor Folter preisgegeben werden? Inwieweit sind Politik und Religion zu trennen, und ist es zulässig, Politik nach religiösen Überzeugungen zu betreiben? Dabei spielt der Konflikt mit der von den Menschen erschaffenen künstlichen Zylonen-Zivilisation, die versucht hat, die gesamte Menschheit auszulöschen, eine entscheidende Rolle: Es ist die kritische Auseinandersetzung mit einem selbst geschaffenen und teilweise nicht mehr von seinen Schöpfern zu unterscheidenden Feind.

Während die Menschen in *BSG* die Erde suchen und dabei mit den Zylonen in Konflikt stehen, versuchen die Menschen in der Neuauflage der ursprünglich aus den 1960er Jahren stammenden Serie *Lost in Space* (2018–2021), von der nach einem Einschlag unbewohnbar gewordenen Erde wegzukommen. Ziel ist das Alpha-Centauri-System, um dort menschliche Kolonien aufzubauen. Auf dem Irrweg dorthin drohen »Alien Robots« mit Vernichtung; doch wie sich im Laufe der Serie herausstellt, ist das Verhältnis zwischen den Robotern und den Menschen keineswegs so eindeutig eines von Gut und Böse, wie es zunächst scheint, und es gibt durchaus Gründe für den Hass der Roboter gegen die Menschen. Wie in *BSG* wird hier die Rolle der Menschen im Umgang mit dem Anderen bzw. mit dem Feind kritisch hinterfragt, und einzelne Personen werden als komplex und vielschichtig gezeigt. Im Zentrum stehen die Robinsons, die zwar im Grunde auch ein »heiles« Familienbild abgeben, aber im Gegensatz zu der Version von 1960 eines mit modernem Rollenverständnis, glaubwürdigen Konflikten und ethischen Verfehlungen – und immerhin auch ein nicht gänzlich »weißes«.

In den beschriebenen Beispielen geht es nicht nur um zeitlose politische Überlegungen und zeitgenössische Systemkritik. Sie erzählen insbesondere auch von moralischen Fehltritten und kritischer Selbstreflexion von Figuren in einer unsicheren Welt. Dabei lassen sich eine zunehmend ausgewogene Darstellung von Geschlechterbeziehungen und eine neue Multiethnizität ausmachen. Noch einmal einen anderen Erzählmodus für eine hoffnungsfrohe und empathische Science-Fiction findet Becky Chambers in ihrer vierteiligen *Wayfarers Series* (2015–2021), benannt nach dem Raumschiff Wayfarer aus dem ersten Buch *The Long Way to a Small, Angry Planet* (2015), auf dem die Handlung spielt. Das Wayfarers-Universum wird von den »Galactic Commons« regiert, einem Zusammenschluss verschiedener außerirdischer Spezies einschließlich der Menschen, der über ein Parlament, eine Bürokratie und eine bisweilen komplizierte Gesetzgebung verfügt. Charakteristisch für die Romane ist, dass die Geschichte nicht durch die Handlung, sondern – in einem gemäßigten Tempo – durch die liebenswerten Charaktere vorangebracht wird. Es geht nicht um technologische Überlegenheit und große intergalaktische Kriege, sondern um Charakterentwicklung, Emotionen und die sozialen Prozesse innerhalb einer bestimmten Gruppe von Außerirdischen, zu der mitunter auch eine Künstliche Intelligenz gehört. Im letzten Teil, *The Galaxy, and the Ground Within (2021)*, sind zwar keine Menschen mehr Bestandteil der Gruppe, doch muss eine Handvoll Außerirdischer während eines technischen Defekts zusammenrücken und ist gezwungen, sich miteinander und jeder mit sich selbst auseinanderzusetzen – menschlicher geht es kaum. All die verschiedenen Spezies drücken den Wert von Diversität aus, von Akzeptanz und Toleranz gegenüber dem »Anderen«, sei es Geschlecht, Religion, Kultur oder historische Erfahrung (Admirand 2021). In dieser Hinsicht kann Becky Chambers' Werk auch als queere Science-Fiction bezeichnet werden, die neben diversen Charakteren auch neue Erzählstrukturen findet.

3.6 Das Weltall und der Sense of Wonder

Science-Fiction, die im Weltall spielt, hält uns nicht nur einen Spiegel gesellschaftlicher und politischer Entwicklungen vor; das Weltall als Ort der Unendlichkeit und des in seinen Dimensionen Unfassbaren macht die Science-Fiction so attraktiv für metaphysische, philosophische und existenzielle Überlegungen jenseits des irdischen Kontexts. Der Weltraum ist daher in hohem Maße dazu geeignet, den für Science-Fiction typischen »Sense of Wonder« zu erzeugen, den *The Oxford Dictionary of Science Fiction* folgendermaßen definiert: »a feeling of awakening or awe triggered by an expansion of one's awareness of what is possible or by confrontation with the vastness of space and time, as brought on by reading science fiction« (Prucher 2006). Weil hier gerade das Kino überwältigende Bilder und Effekte bereitstellt, möchte ich im Folgenden verschiedene Science-Fiction-Filme vorstellen, die für den Sense of Wonder exemplarisch sind.

Als bahnbrechend darf in dieser Hinsicht der Film *2001: A Space Odyssey* (1968) von Stanley Kubrick gelten, der auf die Geschichte *The Sentinel* von Arthur C. Clarke zurückgeht. Er stellt nicht nur die Raumfahrt ganz im Sinne der NASA in einem erhabenen und vom Machbarkeitsglauben gefärbten Licht sowie für die damalige Zeit mit spektakulären Spezialeffekten dar, sondern reflektiert über den Sinn des Lebens und die Stellung des Menschen im Universum. Der Film beginnt mit einer Affenhorde, der ein geheimnisvoller Monolith erscheint, welcher die Affen nicht nur einen Knochen als Werkzeug erkennen lässt, sondern insbesondere als Werkzeug zum Töten – der Weg zum Homo sapiens ist bereitet. Nach einem Sprung in die damalige Zukunft des Jahres 2001 erfahren wir, dass ein solcher Monolith auf dem Mond gefunden wurde. Eine Raumschiffmission mit zwei Astronauten und drei weiteren Wissenschaftlern, die für die Reise in Tiefschlaf versetzt wurden, wird ausgeschickt, um den möglichen Ursprung des Monolithen auf dem Jupiter zu untersuchen. Im Anschluss an eine Fehlfunktion widersetzt sich der Bordcomputer HAL 9000 seiner Abschaltung und tötet einen der Astronauten, bevor es dem verbliebenen David Bowman gelingt, den Rechner zu deaktivieren (siehe Kapitel 1). Verloren im All, durchlebt Bowman einen psychedelischen Trip, an dessen Ende der Kontakt mit dem Monolithen und die eigene Wiedergeburt stehen. Der Film verschließt sich bewusst einer eindeutigen Auslegung, doch ein an die Mythologie angelehntes Deutungsangebot macht hier Georg Seeßlen:

> »Es ist eine mythische Geschichte, der ›Abstieg‹ des Helden in große Gefahr, seine Bewährung (die Bezwingung der technologischen Bedrohung des Menschen), seine Begegnung mit den kosmischen ›Ganzheiten‹ (im Bild des Monolithen zusammengefasst), seine Wiedergeburt als Wesen höherer Qualität.« (Seeßlen 1980: 222)

Andrei Tarkowskis Film *Solaris* (1972), der auf Stanislaw Lems gleichnamigem Werk aus dem Jahr 1961 basiert, gilt gemeinhin als das sowjetische Gegenstück zu *2001* und ist ebenso als großartiges und tiefgründiges Filmerlebnis konzipiert. Die Handlung spielt auf einer Raumstation in der Umlaufbahn des fiktiven und seltsamen Ozeanplaneten »Solaris«, von wo aus der Planet von Wissenschaftlern erforscht werden soll. Hier setzt die ontologische Grundfrage ein, ob Menschen überhaupt jemals mit dem gänzlich Unbekannten werden kommunizieren können oder immer wieder auf sich selbst zurückgeworfen sind. Die Wissenschaftler fangen an, sich sonderbar zu verhalten, so dass der Psychologe Kris Kelvin zu ihnen geschickt wird, um die Situation zu beurteilen. Als er eintrifft, hat sich von den drei Wissenschaftlern bereits einer umgebracht, und die anderen zwei leiden unter starken Psychosen. Im Zuge der Erforschung von Solaris hat der Ozean begonnen, Erinnerungen aus dem Unbewussten der Forscher zu materialisieren. So erscheint auch Kelvins ehemalige Frau Hari, für deren Selbstmord er sich die Schuld gibt, als Projektion seiner Erinnerungen. Weder seine Mord- noch ihre Selbstmordversuche nützen – Hari kehrt immer wieder zurück wie ein nicht bewältigtes Trauma. Nachdem die Wissenschaftler

Solaris mit Kelvins Elektroenzephalogramm bestrahlen, scheint sich die Situation zu normalisieren. Kelvin besucht das elterliche Haus und seinen Vater, was sich allerdings als weitere Materialisation seiner Erinnerungen entpuppt. Solaris steht symbolisch als Bild dafür, dass sich der Mensch auch in den Weiten des Weltraums nicht von seinen Dämonen befreien kann. Das Weltall mit seinen sonderbaren Verhältnissen und Vorkommnissen wird – wie in *Ad Astra* (siehe Abschnitt 1.1) – zu einer Metapher für die unergründliche menschliche Psyche und die Dämonen, Ängste und Wünsche, von denen diese beherrscht wird. Matthias Schwartz drückt es so aus:

> »Die Reise in die kosmische Fremde verkehrt sich so in eine Reise in das eigene Unbewusste, die von einer fundamentalen Entfremdung des Menschen von der irdischen Natur im technischen Zeitalter erzählt. Ähnlich wie Stanley Kubricks *2001. A Space Odyssey* (1968) ist Tarkowskis *Solaris* vor allem eine bildgewaltige philosophische Parabel über die Grenzen wissenschaftlicher Menschenbilder.« (Schwartz 2017)

In diese Reihe fügt sich der in der Bundesrepublik Deutschland produzierte Film *Operation Ganymed* (1978) von Rainer Erler ein. Darin werden drei Raumschiffe im Rahmen einer internationalen Mission der UNO ausgesendet, um Leben auf dem Jupitermond Ganymed nachzuweisen. Zwei Raumschiffe verglühen in der Jupiteratmosphäre, nur die »Ganymed II« kann Proben von primitivem Leben einsammeln, verliert dabei aber einen Teil der Besatzung. Nun, im Jahr 1991, befinden sich die Überlebenden – drei Amerikaner, ein Westeuropäer und ein Russe – auf dem Rückflug zur Erde, doch niemand beantwortet ihre Funksignale. Zwar schaffen sie es, ohne Kontakt auf der Erde zu landen, doch erweist sich das Landegebiet, bei dem es sich um den mexikanischen Bundesstaat Baja California handelt, als menschenleer, karg und wüstenartig. Nachdem der Verdacht aufkommt, dass sich die Menschheit durch einen Atomkrieg selbst ausgelöscht hat, wird der Russe Oss von dem Amerikaner Dug umgebracht, der wiederum von dem amerikanischen Kommandanten Mac getötet wird. Mac stirbt später an Entkräftung, genauso wie der dritte Amerikaner Steve, der sich vor Hunger an den Leichen von Oss und Dug genährt hat und vor Scham darüber in die Wüste geflohen ist. Übrig bleibt der europäische Exobiologe Don, der für die Mitnahme der außerirdischen Proben lebenswichtige Überlebensutensilien aus einem Notfallkoffer geworfen und diesen wie seinen Augapfel gehütet hatte. Am Ende halluziniert der dehydrierte Don von einem ehrenvollen Empfang mit Kamerateams, während er die Proben einfach irgendwo im Sand zurückgelassen hat. Bringt Wissenschaft die Menschheit in ihrer Entwicklung weiter oder bringt sie nur Zerstörung und Tod mit sich? Was ist wissenschaftliche Erkenntnis wert – noch dazu über außerirdisches Leben –, wenn zu ihrer Erlangung die eigene Zivilisation im Gesamten und außerdem die kleine Gemeinschaft der Forschenden auf der Strecke bleiben?

Sind die beschriebenen Werke sehr männlich geprägt, so soll hier noch auf drei Beispiele eingegangen werden, in denen Frauen zumindest die Hauptrollen spielen. Um den Konflikt und die Versöhnung zwischen Wissenschaft und Glaube geht es in dem Film *Contact* (1997), der auf dem gleichnamigen Roman von Carl Sagan aus dem Jahr 1985 beruht. Die Astronomin Ellie Arroway fängt, angetrieben von der Suche nach außerirdischem Leben, tatsächlich ein vermeintlich außerirdisches Signal aus dem Wega-System ab und wird als Repräsentantin der Menschheit eingesetzt, um Kontakt aufzunehmen. Das Signal enthält auch den Bauplan für eine Maschine, die eine Person zum Ausgangpunkt der Signale ins Wega-System schicken soll. Ellie wird dafür ausgewählt und während sie in der Maschine über einen längeren

Zeitraum hinweg eine metaphysische Reise erlebt, ihren verstorbenen Vater trifft und mit den Außerirdischen kommuniziert, vergehen auf der Erde tatsächlich nur wenige Sekunden, in denen sie in der Maschine einfach in das Sicherheitsnetz fällt. Nachdem bezweifelt wird, dass ihre Reise stattgefunden hat, versucht Ellie, deren Weltbild als Wissenschaftlerin auf belegbaren Fakten beruht, wissenschaftliche Erklärungen zu finden, die ihre Erlebnisse beweisen. Ihr wird allerdings verheimlicht, dass ihr Aufnahmegerät zwar nur statische Signale aufgezeichnet hat, dies aber 18 Stunden lang; so wird ihr Projekt am Ende sogar weiter gefördert. Einen wichtigen Platz im Film nimmt das (nicht fiktive) Wissenschaftsprinzip von »Occam's razor« ein, das besagt, dass jeweils diejenige Theorie zu bevorzugen ist, die mit den wenigsten zusätzlichen Annahmen zu einer Hypothese auskommt. Doch im Fall von Ellie führt dies zu einem Konflikt zwischen der einfachsten Erklärung, nach der Ellie sich alles nur eingebildet hat, und ihren Erlebnissen. Ein Konflikt allerdings, der gerade zu neuen Erkenntnissen verhelfen kann. Andrew Maynard schreibt dazu über *Contact*:

> »This, to me, gets to the very core of science as a human endeavor. Critical thinking alone is almost inhuman in its cold impartiality. On the other hand, creativity on its own leads down a path of fantasy and delusion. But when the two are combined, we have a powerful way of using science and the imagination to find meaning in the universe we're part of, and to chart a course toward a future that celebrates who we are and what we might become«. (Maynard 2018: 282)

Auch wenn Wissenschaft und der Glaube an ein nicht Beweisbares – seien es Außerirdische oder die Existenz Gottes – im Konflikt zu stehen scheinen, wie es »Occam's razor« nahelegt, müssen sie sich dennoch nicht grundsätzlich ausschließen, so eine Quintessenz des Films. Wissenschaft und Glaube zusammenzudenken kann gerade die Faszination für neue wissenschaftliche Forschung wecken.

Ebenfalls um eine Wissenschaftlerin geht es in *Arrival* (2016), einem Film, der die Kurzgeschichte *Story of Your Life* (1998) von Ted Chiang zum Ausgangspunkt nimmt. Auf der Erde erscheinen an verschiedenen Orten zwölf länglich-ovale, vertikal stehende Raumschiffe und schweben dort in geringer Höhe über dem Boden. Die betroffenen Nationen, darunter auch China und Russland, entsenden jeweils Expert*innen, um die Flugkörper zu untersuchen und Kontakt aufzunehmen. Nachdem das Militär dabei in den USA nicht erfolgreich ist, holt es sich die Linguistin Louise Banks und den Physiker Ian Donnelly ins Team. Das Raumschiff öffnet in regelmäßigen Intervallen einen Schacht, durch den die beiden Wissenschaftler ins Innere gelangen und hinter einer durchsichtigen Wand mit zwei »Heptapoden« – siebenbeinigen, krakenhaften Außerirdischen – in Austausch treten. Langsam gelingt es Louise, die Sprache und die aus zirkulären Zeichen bestehende logografische Schrift der Aliens zu entschlüsseln, und sie beginnt, in diesem Prozess zukünftige Ereignisse wahrzunehmen, in denen ihre (zukünftige) Tochter eine bedeutsame Rolle spielt. Wie sich herausstellt, ist die Sprache ein Geschenk der Außerirdischen, durch deren Erlernen die lineare Zeitwahrnehmung verändert wird, so dass man sich an zukünftige Ereignisse »erinnern« bzw. Vergangenheit, Gegenwart und Zukunft simultan wahrnehmen kann. Der Film verwendet diese fremde Kulturtechnik, um die Fragen zu stellen, was im Leben Sinn stiftet, inwieweit wir unser Leben selbst bestimmen können und ob unser Schicksal vorbestimmt ist. Daneben zeigt *Arrival* interessante Dynamiken in der internationalen Zusammenarbeit der Nationen, wenn es beispielsweise bei der Entschlüsselung der Sprache darum geht herauszufinden, was die Aliens eigentlich wollen: Die anfängliche Kooperation zwischen den verschiedenen Staaten bricht auseinander, als die Aliens zunehmend als Bedrohung wahrgenommen werden. Entgegen der Idee, dass eine Bedrohung durch Aliens die Menschheit eint, verlässt sich nun lieber jeder Staat auf sich selbst. Am Ende ist es dann aber doch die Einsicht, dass die Außerirdischen mit einem friedlichen Anliegen gekommen sind – die Übermittlung der Sprache –, die die betroffenen Staaten wieder näher zusammenbringt.

In der Kurzgeschichte zieht Ted Chiang noch eine weitere metaphysische und wissenschaftstheoretische Ebene ein, indem er auf das »Fermatsche Prinzip« verweist, nach dem – sehr vereinfacht – ein Lichtstrahl auf dem Weg von einem Punkt zum anderen jeweils den Weg nimmt, der dafür die kürzeste Zeit benötigt. Zum Verständnis wird oft das Beispiel einer Rettungsschwimmerin herangezogen, die, um eine ertrinkende Person zu retten, erst am Strand entlangläuft, wo sie sich schneller fortbewegen kann, und dann in einem anderen Winkel ins Wasser eintritt. Auch ein Lichtstrahl bricht im Wasser und verkürzt so die Zeit, bis er am Ziel ankommt. Doch ist das Ziel eines Lichtstrahls bekannt? In der Geschichte teilt Ian Donnelly seine Überlegungen mit Louise:

»Consider the phenomenon of light hitting water at one angle, and traveling through it at a different angle. Explain it by saying that a difference in the index of reaction caused the light to change direction, and one saw the world as humans saw it. Explain it by saying that light minimized the time needed to travel to its destination, and one saw the world as the heptapods saw it. Two very different interpretations. The physical universe was a language with a perfectly ambiguous grammar. Every physical event was an utterance that could be parsed in two entirely different ways, one causal and the other teleological, both valid, neither one disqualifiable no matter how much context was available. When the ancestors of humans and heptapods first acquired the spark of consciousness, they both perceived the same physical world, but they parsed their perceptions differently; the world-views that ultimately across were the end result of that divergence. Humans had developed a sequential mode of awareness, while heptapods had developed a simultaneous mode of awareness. We experienced events in an order, and perceived their relationship as cause and effect. They experienced all events at once, and perceived a purpose underlying them all. A minimizing, maximizing purpose«. (Chiang 1998)

Der Physiker Max Tegmark schreibt in seinem Buch *Life 3.0* (in dem es eigentlich um Künstliche Intelligenz geht) (2017), dass nach der Aufstellung des Fermat'schen Prinzips durch Pierre de Fermat im Jahr 1662 im Grunde alle Gesetze der klassischen Physik auch alternativ formuliert werden können:

»There are two mathematically equivalent ways of describing each physical law: either as the past causing the future, or as nature optimizing something. [...] So if nature itself is trying to optimize something, than no wonder that goal-oriented behavior can emerge: it was hardwired in from the start, in the very laws of physics«. (Tegmark 2017: 251)

Ted Chiang findet am Motiv der Außerirdischen und ihrer Sprache einen Weg, um über die Idee des Fermat'schen Prinzips zu spekulieren. Denn wenn das Universum nicht bloß Ursache und Wirkung ist, was ist dann der zugrunde liegende Sinn bzw. das Ziel, das »something« aller Ereignisse, auf das hin optimiert wird? Was nehmen die Heptapoden als »purpose underlying them all« wahr? Aber genau das erschließt sich wohl erst, wenn man die außerirdische Sprache gelernt hat.

Um die Sinnsuche und den urmenschlichen Überlebenswillen gegen alle Widerstände geht es auch in dem cinematografisch beeindruckenden Film *Gravity* (2013) von Alfonso Cuarón. Der erfahrene Astronaut Matt Kowalski und die Ingenieurin auf erster Weltraum-Mission Ryan Stone sollen Updates am Hubble-Weltraumteleskop durchführen. Das Drama beginnt, als die beiden von einer Welle Weltraummüll überrollt werden, eine durchaus realistische Gefahr im Erdorbit. Es entsteht eine Kaskade, in der die Kollision weiteren Weltraummüll erzeugt, der wiederum zu neuen Kollisionen führt, was als Kessler-Effekt nach dem NASA-Wissenschaftler Donald J. Kessler bekannt ist (Kessler, Cour-Palais 1978). Auf dem Weg zur ISS opfert sich Kowalski, um Stone eine Chance auf Rettung zu ermöglichen. Sie schafft es in den russischen Teil der ISS, der aber auch durch die Trümmer beschädigt ist, und ein Feuer treibt Stone erneut in die Flucht. In einer Sojus-Kapsel erreicht sie die chinesische Raumstation Tiangong, kann dort die chinesische Kapsel Shenzhou abkoppeln und gelangt wieder in die Erdatmosphäre. Sie landet auf der Erde im Wasser, befreit sich aus Kapsel und Raumanzug und steigt auf schwachen Beinen, aber triumphierend ans irdische Ufer, festen Boden unter den Füßen.

Das Setting im Weltraum, die Technik und die Bedrohung durch die Weltraumtrümmer, sind durchaus realistisch, auch die Raumstationen, Shuttles und Kapseln existieren in der Realität. Dennoch ist das Weltall eine Metapher für die Schwärze, Sinnlosigkeit und Trauer, die Stone nach dem Unfalltod ihrer Tochter umgibt, und die Trümmer zeigen die Widrigkeiten, gegen die sie sich behaupten muss. In aller Ausweglosigkeit findet sie aber Anker der Unterstützung, die Mut machen. So entdeckt sie in den Kapseln jeweils religiöse Symbole der russischen Kosmonauten und der chinesischen Taikonauten – offensichtlich suchen alle Menschen Halt in der Leere des Alls. Der Weltraum ist hier kein positiv besetzter Ort, der zur Erkundung einlädt, sondern der Inbegriff von existenzieller Bedrohung, der man als Mensch mit blankem Überlebenswillen entgegentreten muss, um wieder sprichwörtlich auf der Erde Fuß fassen zu können.

Der Weltraum, egal ob als einladender oder abweisender Ort, ist die ultimative Metapher für das Mysterium der menschlichen

Existenz. Die Aliens, denen wir im Weltraum begegnen, konstruieren unseren Platz im Universum, wenn sie Feinde, Freunde oder gar unsere Vorfahren repräsentieren. Das Weltall mit seinen Planeten kann dabei jenseits aller enthusiastischen Erkundungen auch als Zufluchtsort für die Menschheit gesehen werden, sofern das Leben auf der Erde durch den menschengemachten Klimawandel und ökologische Krisen bedroht wird. Dieses Thema wird im folgenden Kapitel (Abschnitt 4.5) noch einmal aufgegriffen.

4. Klimawandel und Umweltkatastrophen

Seit die negativen Folgen des menschengemachten Klimawandels durch Schadstoffemissionen tatsächlich spürbar sind, scheint die Realität der Science-Fiction mit ihren Katastrophenszenarien prekärer Lebensverhältnisse immer ähnlicher zu werden. Die Reden der Klimaaktivistin Greta Thunberg lesen sich stellenweise wie dystopische Zukunftsszenarien der Science-Fiction:

> »People are suffering. People are dying. Entire ecosystems are collapsing. We are in the beginning of a mass extinction, and all you can talk about is money and fairy tales of eternal economic growth. How dare you! (Thunberg 2019a)
>
> We are facing a disaster of unspoken sufferings for enormous amounts of people. And now is not the time for speaking politely or focusing on what we can or cannot say. Now is the time to speak clearly. Solving the climate crisis is the greatest and most complex challenge that Homo sapiens have ever faced«. (Thunberg 2019b)

Doch auch wenn extreme Wetterereignisse, der Anstieg des Meeresspiegels und Überschwemmungen schon Realität sind, ist das mögliche zukünftige Ausmaß von immer größeren globalen Migrationsbewegungen, Hungerkrisen und Ressourcenkriegen infolge des Klimawandels trotz fundierter wissenschaftlicher Erkenntnisse wie den Berichten des International Panel on Climate Change (IPCC) nur schwer vorstellbar – selbst wenn diese die Szenarien konkret ausmalen und auf die nötigen Maßnahmen zu ihrer Verhinderung verweisen (z.B. IPCC 2022). Der Philosoph

Timothy Morton beschreibt den Klimawandel als »Hyperobject«; Hyperobjects sind zeitlich und räumlich so weitreichend und der menschliche Einfluss darauf ist konkret so schwer fassbar, dass sie für Menschen kaum zugänglich und bewältigbar erscheinen (Morton 2013). Noch dazu drohe die »schiere temporale Ausdehnung klimatischer Prozesse in die Vergangenheit und in die Zukunft [...] die gewohnten Ebenen von individueller Biografie und gesamtgesellschaftlicher Geschichte bedeutungslos erscheinen zu lassen« (Herold 2020: 46, 47).

Vor diesem Hintergrund kann die Science-Fiction dazu dienen, die wissenschaftlich erwiesenen, aber auch die denkbaren Folgen des Klimawandels und der Umweltzerstörung anhand von Geschichten anschaulich und erfahrbar zu machen. Für diese Richtung hat sich in den letzten Jahren der Begriff »Climate Fiction« etabliert. Dabei dienen die Geschichten zum einen als Ausgangspunkt, um über realistische Szenarien zu spekulieren, und zum anderen vermitteln sie immer auch gesellschaftspolitische Wertvorstellungen. Allerdings ist Science-Fiction über Klima- und Umweltthemen im Allgemeinen kein neues Phänomen, sondern war vor dem Hintergrund der entsprechenden Ereignisse und wissenschaftlichen Erkenntnisse schon im 20. Jahrhundert präsent.

Im Folgenden werde ich einen kursorischen Überblick über Klima- und Umweltfiktionen des 20. Jahrhunderts geben, bevor der neuere Begriff der Climate Fiction und der damit verbundene Aktivismus näher erörtert werden. Danach gehe ich an verschiedenen Film- und Literaturbeispielen auf Climate Fiction auf der Erde und im Weltall ein. Am Ende zeige ich, wie Climate Fiction und Solarpunk alternative Gesellschafts- und Wirtschaftssysteme aufzeigen können.

4.1 Klimaveränderungen und Ökodystopien des 20. Jahrhunderts

Die Klimaszenarien und Ökodystopien des 20. Jahrhunderts sind die Grundlage für die aktuelle Climate Fiction. Geschichten über Klimaveränderungen besitzen eine lange Tradition, die bis zum Gilgamesch-Epos und der Bibel zurückreichen. In dieser Tradition haben extreme Klimaszenarien auch in der Science-Fiction von Beginn an eine Rolle gespielt (Milner/Burgmann 2018b), wobei diese aber nicht unbedingt vom Menschen verschuldet sind: In *The Kraken Wakes* (1953) von Michael Joseph beispielsweise schmelzen außerirdische Invasoren die Polkappen und verursachen damit weitreichende Überschwemmungen. In Brian W. Aldiss' *Hothouse* (1962) hört die Erde in einer fernen Zukunft auf, sich um sich selbst zu drehen, und richtet so eine Seite immer zur Sonne aus. Auf dieser Seite der Erde – dem »Hothouse« – haben Pflanzen in üppiger Vegetation die Macht übernommen, und die Menschen müssen um ihr Überleben kämpfen. In J.G. Ballards Reihe *The Wind from Nowhere* (1961), *The Drowned World* (1962), *The Burning World* (1964) und *The Crystal World* (1966) wird die Erde zwar von verschiedenen Katastrophen wie Stürmen, Überschwemmungen, Dürren sowie einer unerklärlichen Macht heimgesucht, diese dienen allerdings eher der metaphorischen Betrachtung über den Zustand der Welt, als dass sie einen direkten Kommentar zu Umweltthemen geben (Vint 121, 122). Indes lässt sich die Frage stellen, ob die Metaphern mittlerweile Realität geworden sind.

In den Kältephasen der 1960er und 1970er Jahre erwarteten Wissenschaftler als wahrscheinlichste zukünftige Klimaveränderung keine globale Erwärmung, sondern eine neue Eiszeit, die nicht zuletzt durch menschliches Zutun wie Verschmutzung der Erdatmosphäre, aber auch unabhängig vom Zutun des

Menschen, beispielsweise durch nachlassende Sonneneinstrahlung, begründet wurde (Kulke 2009). Diese Eiszeit-Trope zieht sich wie ein roter Faden durch die Science-Fiction dieser Zeit, so dass zahlreiche Geschichten über eine erkaltete oder eingefrorene Erde entstanden wie beispielsweise John Christophers *The World in Winter* (1962), Robert Silverbergs *Time of the Great Freeze* (1964) oder John Gribbins und Douglas Orgills *The Sixth Winter* (1979). Eine neue Eiszeit sagte auch das wissenschaftliche Szenario eines »nuklearen Winters« voraus, das u.a. der Wissenschaftler Carl Sagan in den 1980er Jahren popularisierte. Dieser Annahme entsprechend könnte ein Atomkrieg durch den resultierenden Feinstaub zur hemisphärischen Abschwächung des solaren Strahlungsflusses und damit zu Landtemperaturen unter dem Gefrierpunkt führen (Turco et al. 1983), was die Ausgangslage in Michael Moorcocks *The Ice Schooner* (1966) darstellt. Die weitreichenden Auswirkungen des Einsatzes von Nuklearwaffen stellt drastisch auch der Roman *On the Beach* von Nevil Shute aus dem Jahr 1957 dar, der 1959 sehr erfolgreich und 2000 neu verfilmt wurde. Die Geschichte spielt jeweils in einer nahen Zukunft in Australien nach einem dritten Weltkrieg, in dessen Verlauf die Erde radioaktiv derart verseucht wird, dass am Ende kein Mensch überlebt.

Gegen Ende der 1970er Jahre setzt sich jedoch langsam die Einsicht durch, dass das tatsächliche Problem nicht die Abkühlung, sondern vom Menschen verursachte Erwärmung der Erde durch Schadstoffemissionen ist. Die wissenschaftlichen Erkenntnisse nahmen in den 1980er Jahren ihren Ausgang und mündeten in die Gründung des IPCC durch die Weltmeteorologie-Behörde und des Umweltprogramms der Vereinten Nationen im Jahr 1988, das seither den Wissensstand der Klimaforschung etwa alle fünf Jahre in ausführlichen Berichten darstellt. Schon 1977 erkundete Arthur Herzog in seinem in einer nahen Zukunft spielenden Roman *Heat* die fiktionalen Möglichkeiten und sozialen Verwerfungen eines ausufernden Treibhauseffekts in den USA. Ein Jahrzehnt später schilderte der Australier George Turner in *The Sea and Summer* eine Welt mit Massenarbeitslosigkeit und sozialer Polarisierung, in der die globale Erwärmung zu einem Anstieg des Meeresspiegels und damit zur Überflutung der Bayside-Vororte von Melbourne geführt hat. Die verschiedenen Szenarien von Überschwemmungen, Hitze und Dürre, aber auch das Thema der nuklearen Verseuchung gehen ineinander über und bilden die damals aktuellen Forschungstrends und Ängste ab.

Deutlich ablesbar ist dies auch an der Tradition von Geschichten ökologischer Dystopien, die menschengemacht sind, aber nicht direkt mit einer Klimaveränderung im Sinne globaler Erwärmung zu tun haben. So bildeten die Themen Umweltzerstörung, Ressourcenknappheit und Überbevölkerung vor allem in den 1970er Jahren den Anlass für verschiedene bürgerliche Bewegungen und Proteste. In diesem Zusammenhang löste der wissenschaftliche Bericht *Die Grenzen des Wachstums* des Club of Rome aus dem Jahr 1972 breite Debatten aus, da er eine düstere Zukunft zeichnete,

> »die z.B. gekennzeichnet ist durch ein starkes Anwachsen der Weltbevölkerung, die auch bei weiterer Steigerung der Nahrungsmittelproduktion nicht ausreichend ernährt werden kann, eine durch steigende industrielle Produktion verursachte beschleunigte Umweltzerstörung und Erschöpfung der wichtigsten Rohstoffe wie Erdöl, Erdgas und Eisenerz.« (Duden 2016)

Geradezu exemplarisch für diese Besorgnis stehen die Filme *Silent Running* (1972), *Z.P.G.* (1972) und *Soylent Green* (1973), die unter Beteiligung von Wissenschaftler*innen besonders die visuelle Kraft des Kinos nutzten, um globale Katastrophen und gesellschaftliche Missstände darzustellen und für politisches Handeln zu werben (Kirby 2010: 172, 173). In der unbestimmten Zukunft des US-Films *Silent Running* ist die Natur auf der Erde im Aussterben begriffen, weswegen so viele Pflanzen wie möglich in gigantische treibhausähnliche Kuppeln gerettet werden, die an Raumschiffen befestigt in einer Flotte durch das Sonnensystem treiben. Als die Kuppeln gesprengt werden sollen, um die Raumschiffe für kommerzielle Zwecke einsetzen zu können, opfert sich schließlich der mit dem Erhalt der Biotope beauftragte Astronaut und rettet so eine Kuppel, die nun weiterhin liebevoll von einem freundlichen Assistenzroboter gepflegt wird. Während der (technische) Fortschritt in *Silent Running* je nach Einsatz also schlechten, aber auch guten Zwecken dienen kann – neben der Umweltzerstörung auch unserem Überleben –, ist das Bild von Fortschritt und Technik in *Soylent Green* und *Z.P.G.* durchwegs negativ gezeichnet.

Der US-Film *Soylent Green*, der auf dem Buch *Make Room! Make Room!* von Harry Harrison aus dem Jahr 1966 basiert, spielt im New York des Jahres 2022, das von Überbevölkerung, Umweltverschmutzung und Ekel geprägt ist. Die für den Film namengebenden grünen, crackerähnlichen künstlichen Nahrungsmittel, die die Firma »Soylent Industries« für die Fütterung der Menschenmassen produziert, stellen sich am Ende als aus Menschen gemacht heraus: Der Mensch verzehrt durch den Fortschritt also nicht nur die Natur, sondern am Ende auch sich selbst (Grotkopp 2016). Diese menschliche Urangst vor Kannibalismus als Reaktion auf ökologische und klimatische Katastrophen findet sich auch in anderen Science-Fiction-Werken und bildet die Grundlage einer maximalen Kritik an der unersättlichen menschlichen Natur wie beispielsweise in dem deutschen postapokalyptischen Film *Hell* (2011).

Einen im besonderen Maße kritischen Blick auf technischen und sozialen Fortschritt im Zusammenhang mit dem Thema

Überbevölkerung zeigt die US-dänische Produktion *Z.P.G.*, was für »Zero Population Growth« steht. In der Zukunft des Films ist die Erde durch den verschwenderischen Ressourcenverbrauch einer immer weiter wachsenden Bevölkerung derart verschmutzt und verpestet, dass es keine Tiere mehr gibt und sich Menschen in tristen Städten nur noch mit Atemmasken im Freien aufhalten können. Immerhin gibt es eine Weltregierung, die sich des Problems annimmt und für die nächsten dreißig Jahre ein Geburtenverbot ausspricht, das bei Nichteinhaltung mit dem Tod der Eltern und des Kindes bestraft wird. Um die Einhaltung der drakonischen Maßnahme zu unterstützen, können sich die kinderlosen Ehepaare in sogenannten Baby Shops sprechende – und ziemlich gruselig aussehende – Kinderroboter als Ersatz kaufen. Der Plot dreht sich um ein Paar, das sich mit dieser Politik nicht abfinden will und heimlich ein Kind zeugt. Die Botschaft des Films ist deutlich: Wir zerstören mit unserem Wachstums- und Fortschrittswahn die Erde und sollten jetzt umsteuern, bevor es zu spät ist, denn ein Zurück kann es nicht geben. Selbst das Paar kann sich mit seinem Baby nur auf einen radioaktiv verseuchten Strand retten. Bemerkenswert ist dabei das konservative Familienbild, das hinter dem ganzen Setting steht und das der Film als »natürlich« propagiert. Dort werden ausschließlich Paare und diese nur in heteronormativen Eheverhältnissen gezeigt, deren größter Wunsch – vor allem der Frauen – in der Geburt eines eigenen Kindes besteht. Die lebensfeindliche Welt und die zynischen technischen Produkte werden diesem Idealbild einer glücklichen Vater-Mutter-Kind-Familie entgegengestellt. Indem man die Umwelt schützt und Ressourcen schont, bewahrt man also auch die traditionelle Kleinfamilie.

An diesen emblematischen Filmbeispielen wird deutlich, wie unterschiedlich die zugrunde liegenden Ängste und Wertvorstellungen sind, wo doch die gleichen Probleme der Umweltzerstörung und der Überbevölkerung adressiert werden. Diesen dystopischen Aussichten stellte Ernest Callenbach seine *Ecotopia* (1975) entgegen, die Vision einer nachhaltigen und ökologischen Gesellschaft, die Technologie verantwortungsbewusst einsetzt und Probleme gemeinschaftlich und basisdemokratisch löst.

4.2 Climate Fiction und Aktivismus

Seit der Jahrtausendwende ist ein neuer Boom von Geschichten zu beobachten, die sich explizit mit dem menschengemachten Klimawandel und dessen ökologischen Auswirkungen auseinandersetzen. Sie lassen sich unter dem Begriff »Climate Fiction« (auch Cli-fi) zusammenfassen, den der Aktivist und Autor Daniel Bloom ab 2007 für ein eigenes Genre geprägt hat, das aber doch zumeist der Science-Fiction zugeordnet wird und auch in deren Tradition steht (Milner et al. 2015; Milner/Burgmann 2018a). Inzwischen hat sich der Begriff Climate Fiction von der Literatur auf Filme, Graphic Novels und andere populäre Kunstformen ausgebreitet und auch thematisch ausgeweitet. So lassen sich auch Sachbücher wie Frank Schätzings *Was, wenn wir einfach die Welt retten?* (2021), das mit verschiedenen Zukunftsszenarien zum Klimawandel gespickt ist, als Climate Fiction bezeichnen oder der deutsche Film *Ökozid* (2020), in dem im Jahr 2034 Länder des Globalen Südens Deutschland wegen der Folgen des Klimawandels verklagen. Aber auch Fiktionen ohne Science-Fiction-Elemente können dazugezählt werden wie zum Beispiel Barbara Kingsolvers Roman *Flight Behaviour* (2012) um eine Schmetterlingsart, die sich ins eigentlich zu kalte US-amerikanische Tennessee verirrt und als Sinnbild für die globale Erwärmung steht, oder Ian McEwans Roman *Solar* (2010), in dem ein opportunistischer Physiker in einem Umweltinstitut die revolutionäre Nutzung der Solarenergie für den eigenen Ruhm vorantreiben möchte, aber auch Michael Crichtons Roman *State of Fear* (2004), in dem der Autor selbst vor einer Ideologisierung und Politisierung der Wissenschaft warnt und die wissenschaftlichen Erkenntnisse zur Erderwärmung kritisch sieht.

Für ihren Namensgeber Bloom hat Climate Fiction jedoch einen aktivistischen Anspruch: »So for me, cli-fi is a fiction genre that might be helpful in waking people up and serving as an alarm bell« (Holmes 2014). Die Einschätzung der Möglichkeit oder gar Pflicht der Climate Fiction, das Publikum wachzurütteln, teilen viele Wissenschaftler*innen und Autor*innen mit Daniel Bloom (Hamilton 2015). Ein Argument ist insbesondere, dass Climate Fiction das Potenzial habe, die Menschen für die wissenschaftlichen Erkenntnisse zum Klimawandel zu interessieren, indem das Genre fesselnde Geschichten, dramatische Bilder sowie Charaktere zeige und so eine persönliche Verbindung zu den wissenschaftlichen Fakten herstelle (Perkins-Kirkpatrick 2017). Noch mehr könne Climate Fiction, wie alle guten Romane und Filme, auf einzigartige Weise die rationalen, emotionalen und moralischen Fäden rund um heikle Themen verweben; »[i]n that sense, works of fiction have the potential to help us not only understand our impact on the planet more fully, but also to demand a sustainable path forward« (Cullen 2014).

Der Erziehungswissenschaftler Fritz Heidorn sieht einen dreistufigen Prozess, den Science-Fiction hier auslösen kann: erstens Transparenz, da uns Science-Fiction überraschen, anregen und ins Grübeln bringen könne, zweitens Transzendenz, »indem die Grenzen der eigenen Erfahrung überschritten werden und wir in eine andere, geradezu übersinnliche Erfahrungsweise eintauchen, die uns neue Zugänge und Sichtweisen auf Bekanntes ermöglicht«, und drittens ein Motivationsschub für das eigene Handeln, »wenn uns das, was wir lesen, als derart anregend, aufregend oder ungerecht erscheint, dass wir allein durch die lebensnahe und wahre Schilderung in einer Erzählung dazu veranlasst werden, uns gegen Missstände aufzulehnen oder für etwas einzusetzen« (Heidorn 2021). Science-Fiction-Autor Paolo Bacigalupi (Finn 2016: 207, 208) beschreibt seinen Antrieb zum Schreiben in diesem Sinne wie folgt:

> »Fiction is able to move you past the political identity debates. A lot of times, I can set a story in a future where the world is already broken by climate change. I don't need to have characters representing the green perspective versus the industrial perspective. I can just have a bunch of characters who run around in a devastated world. That fictional world makes the argument about how serious climate change is, so the characters don't have to. And that means that you can tell stories to people who otherwise would be completely unwilling to look at climate change, or take it seriously. [...]
>
> Beyond that, fiction has this superpower of creating empathy in people for alien experiences. You can live inside of the skin of a person who is utterly unlike you. [...]
>
> Writing science fiction also means that you can extend out into the future. You can create that empathy into the fourth dimension for a future version of yourself, or empathy for the life your child may inherit«.

Dabei ist jedoch zu bedenken, dass Climate Fiction keine Vorhersage ist und in den meisten Werken über die sich anbahnende oder schon eingetretene Katastrophe hinaus keine Antworten liefert, was der oder die Einzelne konkret tun könnte, um die Katastrophe zu verhindern, wie es sich viele Aktivist*innen und Wissenschaftler*innen wünschen. Der reale, sich gegenwärtig vollziehende menschengemachte Klimawandel ist unübersichtlich, wohingegen fiktionale Katastrophen meist aus einer Perspektive des Überblicks konzipiert sind (Horn 2020). Werden in der Science-Fiction mitunter konkrete – zumeist technische – Lösungen präsentiert, sind sie »seldom workable, immediately possible, or even logical in real-world application« (Telotte 2014). Zudem könnten dystopische und apokalyptische Narrative mit Blick auf den Klimawandel politische Lähmung erzeugen (Herold et al. 2016); im Allgemeinen sei der Nutzen von emotional aufgeladener Katastrophenpädagogik als gering oder sogar kontraproduktiv einzuschätzen (Kühnert 2019; Meske 2011: 85–98). Übertrieben apokalyptische Geschichten könnten die Überzeugten – oder die mit grundsätzlichem Interesse an der Thematik – sogar von dem Problem distanzieren und die gerade nicht Überzeugten in ihrer Meinung bestätigen, dass die Geschichten zugunsten des dramatischen Effekts übertrieben würden – und damit der Klimawandel an sich (Marshall 2015). So könne es sein, dass die Zuschauer*innen eine verzerrte Auswahl an möglichen Zukünften sehen, die als perfekte Kulisse dienen, um eine gute Geschichte zu erzählen, aber nicht dafür, über die realen Folgen des Klimawandels aufzuklären (Ó hÉigeartaigh 2015).

Hier wird die Begrenzung der Climate Fiction auf der linken Seite des Science-Fiction-Kontinuums als Wissenschaftskommunikation oder gar als eine Art Zukunftsforschung deutlich, denn genau um das Erzählen von Geschichten geht es, und die oftmals dargestellte Katastrophe soll gerade dafür als perfekte Kulisse dienen. Aktivistische Agenden seitens der Autor*innen oder der Wunsch von Wissenschaftler*innen, Climate Fiction als Wissenschaftskommunikation zu verwenden, kann ein ehrwürdiges Ziel sein, das aber auch zu einer Informationsüberflutung und kontraproduktiven Didaktik führen könne, »that diminish and undermine the artistic value and power of a work of fiction« (Herold et al. 2016). Der Anspruch an die Science-Fiction, gute Geschichten und Unterhaltung zu liefern und gleichzeitig zu einem nachhaltigeren Verhalten anzuregen, kann also durchaus zu einem Zielkonflikt werden, dessen sich die Autor*innen bewusst sein müssen (D'Avanzo 2018).

Doch unabhängig davon, ob Climate Fiction zu umweltgerechtem Verhalten anregt, dies vielleicht gerade nicht tut oder dies überhaupt tun sollte, sind die gezeigten fiktiven Auswirkungen der globalen Erwärmung zum einen ein Spiegel aktueller Diskussionen um den Klimawandel – von Klimawandel-Leugnung über Abmilderungs- und Anpassungspolitiken bis zu posthumanen Ideen (Milner et al. 2015) – und zum anderen eine Projektionsfläche unserer Ängste: »This is what our genre films tend to do best – not detail the realities of specific problems so that we might avoid them, but rather represent our most pressing cultural anxieties« (Telotte 2014). Es geht wie so oft in der Science-Fiction um Überzeugungen und Werte, die dadurch erkennbar werden, dass man die Geschichte in eine fiktive Zukunft verlegt, in der die Tendenzen der Gegenwart in Extremform herausgearbeitet werden. Die Klimaveränderung wird dann zu einem Katalysator, mittels dessen die gesellschaftlichen, politischen und kulturellen Verhältnisse unserer Zeit wie unter einem Brennglas hervortreten. So bewegt sich Climate Fiction im Spannungsfeld, einerseits »Adjunct to Futurology« zu sein und damit verpflichtet, »to produce fictional responses to problems actually generated by contemporary scientific research« (Milner et al. 2015: 481, 482), und andererseits eine Projektionsfläche, die es dennoch ermöglicht, mitreißende Geschichten zu erzählen.[47]

4.3 Hollywood-Cli-fi: Hoffnung in der Katastrophe

Im Folgenden möchte ich die rund um Climate Fiction aufgeworfenen Fragestellungen an den emblematischen Hollywood-Filmen *The Day After Tomorrow* (2004) und *Geostorm* (2018) aufzeigen. Als Klassiker der Climate Fiction gilt der Hollywood-Film *The Day After Tomorrow*. Zwar war der Begriff zur

Zeit seines Entstehens noch nicht in Gebrauch, aber das Thema des menschengemachten Klimawandels fand mit Al Gores Präsidentschaftskandidatur im Jahr 2000 und seiner Klimakampagne, die 2006 in der Dokumentation *An Inconvenient Truth* gipfelte, breiteren Widerhall. Der Film spielt in der damaligen Gegenwart des Jahres 2004 und konstatiert zu Beginn, dass wegen der vom Menschen verursachten globalen Erwärmung ein sehr großes Eisfragment vom Larsen-B-Schelfeis in der Antarktis abbricht und schmilzt. Durch den steigenden Salzgehalt der Weltmeere wird der Golfstrom derart gestört, dass große Teile des globalen Klimas sich auf drastische Weise verändern und sich in der nördlichen Hemisphäre eine neue Eiszeit einstellt. Am Ende des actiongeladenen und visuell eindrucksvollen Katastrophenfilms ist nach dramatischen Ereignissen und dem Tod Tausender Menschen die nördliche Halbkugel der Erde mit Eis und Schnee bedeckt, während nur die Südhalbkugel noch bewohnbar ist. Die zentrale Prämisse des Films basiert auf einer vertretbaren Hypothese der möglichen Umlenkung von Meeresströmen (Frey 2017), aber das Katastrophenszenario von den verheerenden Flutwellen und hurrikanartigen Eisstürmen, die Los Angeles und New York zerstören bzw. einfrieren, bis zum Zeitrahmen einer in nur fünf Tagen hereinbrechenden Eiszeit, ist offensichtlich wissenschaftlich nicht haltbar.

Der Film fand bei Wissenschaftler*innen wegen dieser Ungenauigkeiten ein geteiltes Echo: Einige kritisierten ihn, weil durch die drastisch übertriebene Darstellung der Folgen der Erderwärmung die Wissenschaft nicht mehr ernst genommen werde; andere fanden, dass der Vorteil, durch den Film die Aufmerksamkeit eines Millionenpublikums zu erreichen, den Nachteil einer unzureichenden wissenschaftlichen Faktenlage überwiege. Insbesondere der wissenschaftliche Berater des Films – der Klimatologe Michael Molitor – sah in dem Film die Möglichkeit, auf das

Versagen der Klimapolitik unter der US-Regierung von George W. Bush hinzuweisen, die sich geweigert hatte, das 1997 ausgehandelte Kyoto-Protokoll zu implementieren. Und tatsächlich werden die politischen Szenen, in denen der Held des Films, der Paläoklimatologe Jack Hall, sich mit dem fiktiven US-Vizepräsidenten auseinandersetzt, der die negativen Folgen der Erderwärmung nicht wahrhaben bzw. keine politischen Maßnahmen dagegen ergreifen will, im Gegensatz zur klimawissenschaftlichen Darstellung recht einhellig als authentisch eingestuft; die offenkundig politische Ausrichtung des Films geht dabei auf Autor, Produzent und Regisseur Roland Emmerich zurück (Kirby 2010: 177–184). Die Botschaft, die der Film verbreiten will, ist klar: Es könnte katastrophale Folgen haben, wenn wir politisch nicht handeln und die klimaerwärmenden Schadstoffemissionen nicht einstellen. Am Ende des Films ist der fiktive US-Vizepräsident und spätere Präsident immerhin geläutert und gelobt Besserung.

Eine Umfrage in Großbritannien ergab, dass die Menschen zumindest kurzfristig nach dem Kinobesuch besorgter über den Klimawandel und andere Umweltrisiken waren als zuvor, aber Schwierigkeiten hatten, wissenschaftliche Fakten von dramatisierter Science-Fiction zu unterscheiden. Allerdings zeigten viele Zuschauer*innen Motivation zum Handeln, um den Klimawandel zu bekämpfen oder abzumildern, wenngleich sie auch nicht recht wussten, welche Maßnahmen sie nun konkret ergreifen könnten (Lowe et al. 2006). In dieser Hinsicht ist es interessant, dass der Film die Verantwortlichkeit zur Bekämpfung des Klimawandels gar nicht bei einzelnen Individuen sucht, sondern sie bei nationalstaatlichen Regierungen sieht, insbesondere jener der USA. Diese Auffassung folgt einem Narrativ, dem zufolge der Nationalstaat der zentrale Akteur ist, um den Klimawandel zu bekämpfen. So schreibt der Umwelthistoriker Frank Uekötter (2019: 13): »Die Illusion der nationalstaatlichen Verfügungsmacht wurde jedoch tief in die globale Klimapolitik eingeschrieben. Mit der Klimarahmenkonvention, die 1992 auf dem Erdgipfel von Rio de Janeiro unterzeichnet wurde, wurden die Nationalstaaten zu entscheidenden Akteuren, deren Regierungen sich alljährlich zu Klimakonferenzen mit fünfstelliger Teilnehmerzahl treffen.« Dass Klimapolitik seither automatisch Klimadiplomatie ist, sei nicht unbedingt zwingend gewesen: »Man hätte auch die multinationalen Energiekonzerne ins Visier nehmen können oder auch das Anspruchsdenken westlicher Konsumbürger« (ebd.). Der Film vermittelt das Bild einer übersichtlichen Lage, in der es ganz einfach ist, heldenhaft die »richtigen« Maßnahmen zu ergreifen.

Zweifelsohne regt *The Day After Tomorrow* zum Andersdenken an, schon allein deswegen, weil er zeigt, dass die globale Erderwärmung kontraintuitive Folgen wie eine neue Eiszeit haben kann. Auch wenn die Geschichte sich hauptsächlich in den USA abspielt, werden die globalen Auswirkungen und Herausforderungen des Klimawandels deutlich, und es wird eine verfremdete Welt gezeigt, in der die reichen Länder des Nordens, die bisher am meisten für die Verschmutzung der Atmosphäre mit Treibhausgasen verantwortlich sind, auch am stärksten von den negativen Folgen des Klimawandels betroffen sind. US-Bürger werden zu Kälteflüchtlingen in Richtung Mexiko. Hier wird eine Art »ausgleichende Gerechtigkeit« dargestellt, die dramatischen Mitteln des Storytelling gehorcht, nicht wissenschaftlichen Erkenntnissen. Zudem ist die fiktive Eiszeit eine Kulisse beeindruckender Zerstörung, um eine Heldengeschichte zu erzählen, in der der ethisch reflektierte Wissenschaftler Jack Hall sich ohne Scheu mit dem US-Vizepräsidenten anlegt und sein Leben aufs Spiel setzt, um seinen Sohn aus dem vereisten New York zu retten. Der Film schlägt sich zwar auf die Seite der Klimawissenschaftler*innen, die vor der globalen Erwärmung warnen, nutzt diese Warnung allerdings als Grundlage für beeindruckende visuelle Katastrophen-Effekte und eine Hollywood-Story mit einem sportlichen und attraktiven Wissenschaftler, der die Vorstellung bestärkt, »mit Tapferkeit, Optimismus und Ausdauer ließen sich die meisten Probleme schon lösen« (Pansegrau/Weingart 2004: 26). Die Menschheit scheint im Film zwar ihre Lektion gelernt zu haben, gleichzeitig zeigt er uns aber, dass, was auch immer Schlimmes passieren mag, am Ende die Menschen als Spezies überleben werden, oder wie es Andrew Maynard ausdrückt: «[i]n other words climate change is a problem, but it's not the end of the world« (Maynard 2018: 254). In diesem Sinne ist der Film nicht so sehr ein Aufruf zum Handeln, sondern eher eine menschenzentrierte Selbstbestätigung, dass »even if we make a mess of things, we can use our grit and ingenuity to find a way out« (ebd.). Hier wird der schwierige Spagat zwischen Entertainment und Aktivismus deutlich.

Die Huldigung des menschlichen Erfindungsreichtums steht auch im Vordergrund des Films *Geostorm* (2019), der im Gegensatz zu *The Day After Tomorrow* eine konkrete technische Lösung für die Begrenzung der Erderwärmung in Form von »Geoengineering« propagiert. Unter Geoengineering versteht man im Allgemeinen den bewussten, groß angelegten Eingriff in die natürlichen Systeme der Erde, zumeist um dem Klimawandel entgegenzuwirken. Der Regisseur des Films Dean Devlin ist bei Roland Emmerich in die Lehre gegangen und hat bei verschiedenen Gelegenheiten mit ihm zusammengearbeitet – was auch einige Ähnlichkeiten in der Dramaturgie und bei den Visual Effects erklären dürfte, wenn auch die wissenschaftliche Ausgangslage eine ganz andere ist. In der Gegenwart des Films im Jahr 2019, nach einer beispiellosen Anzahl von Naturkatastrophen, die durch die globale Erwärmung verursacht worden sind, konstruiert eine internationale Koalition unter Führung der USA ein satellitengestütztes Klimakontrollsystem im Weltraum – ein typisches Science-Fiction-Novum. Das System mit dem Namen »Dutch Boy« erweist sich als funktionsfähig, als es einen großen Taifun, der Shanghai bedroht, neutralisiert. Drei Jahre später jedoch, im Jahr 2022, treten verdächtige Phänomene auf wie ein komplett eingefrorenes Dorf in der Wüste Registan oder ein enormer Temperaturanstieg in Hongkong, der zu massiven Gasexplosionen in der Stadt führt. Offensichtlich haben einige der Satelliten schwerwiegende Fehlfunktionen, und anstatt extreme Wetterphänomene zu verhindern, lösen sie diese erst aus.

Es folgt die Enthüllung einer Verschwörung des US-Außenministers, der den Befehl gegeben hatte, das System zu manipulieren, um einen weltweiten »Geostorm« – einen weltumspannenden Megasturm, der auf alle erdenklichen Weisen die Erde verwüstet – und damit ein internationales Chaos zu verursachen, in dem die »Feinde der USA« ausgeschaltet werden können und die Verschwörer die Macht übernehmen. Bis der Außenminister schließlich gestoppt und das System wiederhergestellt ist, ereignen sich noch weitere Katastrophen wie ein Gewitter in Orlando, das Einfrieren von Rio de Janeiro, Hagelstürme in Tokio, Tornados in Mumbai, eine Hitzewelle in Moskau und ein enormer Tsunami in Dubai. Anhand des Motivs eines manipulierten Satellitensystems kann der Zuschauer alle möglichen und unmöglichen Extremwetterlagen und Zerstörungen in einem Hollywood-mäßigen Feuerwerk aus Effekten erleben.

Der Film spiegelt mit seinem Plädoyer für internationale Zusammenarbeit 15 Jahre nach *The Day After Tomorrow* einen immer stärker werdenden Diskurs, wonach dem Klimawandel nur beizukommen ist, wenn die Staaten der Welt zusammenarbeiten. Dutch Boy kann nur durch eine internationale Koalition realisiert werden und steht schlussendlich nicht mehr unter US-Kontrolle, sondern wird von einem internationalen Gremium verwaltet. Diese Perspektive spiegelt die internationale Dimension der Klimakrise und normalisiert den Wunsch bzw. die Notwendigkeit eines multilateralen Vorgehens, um technische Lösungen für unsere Probleme zu entwickeln. Außerdem findet sich in der Personifizierung des größenwahnsinnigen, nach Weltmacht strebenden US-Außenministers, der nicht verstehen will, dass sein Vorgehen nicht nur die Feinde der USA ausschalten wird, sondern die ganze Welt und damit auch die USA selbst, eine deutliche Kritik an der politischen Dominanz der USA. Wollte Roland Emmerich in *The Day After Tomorrow* die Regierung von George W. Bush kritisieren, so war zur Zeit des Drehs und des Kinostarts von *Geostorm* Donald Trump Präsident der USA, in dessen Regierungsstil sich die Politikdarstellung des Films verfängt.

Doch ließ sich in *The Day After Tomorrow* noch eine einigermaßen plausible wissenschaftliche Ausgangsidee finden – das menschenverursachte Schmelzen der Polkappen und die dadurch bedingte Abschwächung der Golfstroms –, sind die Grundideen von *Geostorm* sowohl mit Blick auf die extremen Wetterphänomene aufgrund des Klimawandels wie auch auf die Inbetriebnahme von Dutch Boy nach einhelliger wissenschaftlicher Meinung blanker Humbug (Wei-Haas 2017). Die angebotene Lösung eines »Tech-Fix« durch Geoengineering reflektiert dabei den Wunsch nach Aufrechterhaltung des Status quo. Die vom Menschen verursachten Veränderungen des Klimas, die im Film zu extremen Wetterbedingungen führen, können demnach durch Technik sauber und problemlos abgemildert bzw. verhindert werden, ohne dass wir unseren derzeitigen Lebensstil und unsere Produktionsweise ändern müssten (Svoboda 2017). Dabei ist der Film unterkomplex, denn wie es dargestellt wird, behebt das Satellitensystem lediglich einzelne, wenn auch extreme Wetterphänomene. Der Klimawandel hat allerdings langfristige Auswirkungen, die vor allem durch das Überschreiten von sogenannten »Kipppunkten« (tipping points) wie dem Verlust des westantarktischen Eisschilds zu langfristigen und irreversiblen Veränderungen wie einem Anstieg des Meeresspiegels führen können (Lenton et al. 2019). Dass ein Satellitensystem die Lösung für den Umgang mit diesen unumkehrbaren Veränderungen sein könnte, ist eher unwahrscheinlich. Hier tritt der problematische Spagat zwischen einer ernsthaften Thematisierung des menschengemachten Klimawandels und der Darstellungsweise eines Action-Entertainment-Films ähnlich wie in *The Day After Tomorrow* zutage. Und wieder findet sich der selbstlose und missverstandene Wissenschaftlerheld, der sich mit allen anlegt, um die Welt zu retten. Ebenso ist der Klimawandel bzw. die Fehlfunktion von Dutch Boy ein Vorwand, um ein Special-Effect-Feuerwerk der Katastrophen zu veranstalten.

Die Filme spiegeln dabei auch zwei Narrative wider, die in der aktuellen Diskussion auftauchen, nämlich zum einen, dass der Klimawandel ein Problem von menschlichem Fehlverhalten ist, und zum anderen, dass der Klimawandel ein Problem falscher Technologie ist; so liege der Schlüssel zum Gegensteuern einmal in umweltpolitischen und wirtschaftlichen Maßnahmen sowie, damit verbunden, in einer Änderung des menschlichen Verhaltens und zum anderen im technologischen Fortschritt wie beispielsweise dem Geoengineering (The Royal Society 2018: 13).

4.4 Nach der Katastrophe – Überleben auf der Erde

Während die Filme *The Day After Tomorrow* und *Geostorm* in der Gegenwart oder sehr nahen Zukunft der Zeit spielen, in der sie erschienen sind, ist es gerade beim Thema des Klimawandels die Stärke der Science-Fiction, mögliche Folgen in der Zukunft sicht- und erfahrbar zu machen, seien es Überflutungen, Vereisungen oder Dürren. Diese Szenarien steigern nicht nur den gegenwärtigen Klimadiskurs ins Extrem, sondern sie bieten auch einen eindrücklichen Gegenwartskommentar über Wertesysteme und Herrschaftsverhältnisse (Hermann 2021e).

In den verschiedenen Adaptionen von *Snowpiercer* sind es nicht wie in *The Day After Tomorrow* schmelzende Eisberge und die sich dadurch ändernden Meeresströme, die eine neue Eiszeit auslösen, sondern es ist ein missglücktes Geoengineering-Experiment: Der Versuch, der globalen Erwärmung mit der künstlichen Kühlsubstanz CW-7 beizukommen, die in die Atmosphäre geschossen wird, missglückt und führt zu einer Eiszeit sowie der Auslöschung fast alles Lebens auf der Erde. Die einzigen Überlebenden sind die Passagiere an Bord des »Snowpiercers«, eines gewaltigen Zugs, der ununterbrochen auf einer Kreisbahn um die Erde fährt – müsste er anhalten, wäre dies das Ende der Menschheit. Das Leben auf dem Snowpiercer wird bestimmt durch die rücksichtslose Herrschaft einer privilegierten, im Luxus lebenden »1. Klasse« über den verarmten und ausgebeuteten »Scum« im hinteren Teil des Zugs. Nur so kann das nach Meinung der Machthabenden fragile Sozialsystem im Zug stabil gehalten werden, das der Menschheit das Überleben sichert. Die Geschichte basiert auf der französischen Graphic Novel *Le Transperceneige* (1982–2015), die 2013 verfilmt wurde und seit 2020 als Serienadaption läuft. In der Verfilmung entgleist der Snowpiercer, und die einzigen beiden Überlebenden – ein Mädchen und ein Junge – sehen im Freien einen Eisbären, der symbolstarke Beweis, dass es doch noch Leben auf der Erde und Hoffnung auf eine neue Zukunft gibt. In *Snowpiercer* dient die prekäre Umweltsituation dazu, ein durch Technik ermöglichtes ausbeuterisches Klassensystem auf die Spitze zu treiben und so Kritik an kapitalistischen Strukturen zu üben.

In der Zukunft von *Waterworld* (1995) sind offensichtlich einige Kipppunkte überschritten worden, denn die Polkappen sind geschmolzen, was zwar keine Eiszeit auslöst, aber den größten Teil der Erde unter Wasser setzt. Die Schuld dafür tragen wir als die früheren Generationen, die »Ancients«. Nun leben Gemeinschaften von Menschen in einem kärglichen und anarchischen Zustand auf schwimmenden Atollen, die regelmäßig von Piraten überfallen werden. Staatliche Strukturen oder öffentliche Institutionen gibt es nicht mehr. Doch auch hier zeichnet sich ein Hoffnungsschimmer ab, denn zu guter Letzt entdeckt eine Gruppe von Menschen das von Mythen umrankte »Dryland« – den Gipfel des Mount Everest – mit einer lebhaften Pflanzen- und Tierwelt. Diese Idee eines Hoffnungsschimmers, dass es auf der überfluteten Erde noch Land geben könne und am Ende alles gut wird, entlarvt Catherynne Valente in ihrer Shortstory *The Future is Blue* (2016) als blanke Illusion und Ablenkungsmanöver von der Realität. In der Geschichte steht die Erde aufgrund des Klimawandels, den die »Fuckwits« – also wir – zu verantworten haben, komplett unter Wasser. Die Menschen der Zukunft fristen ihr Dasein auf riesigen Müllteppichen, wie sie heute schon auf den Ozeanen existieren (Mast/Stockrahm 2018) – die späteren Generationen leben also buchstäblich auf dem Müll, den wir heute zurücklassen. Die Kinder lernen entsprechend folgendes Lied:

»Who liked it hot and hated snow?
The Fuckwits did! The Fuckwits did!
Who ate up everything that grows?
The Fuckwits did! The Fuckwits did!
Who drowned the world in oceans blue?
The Fuckwits did! The Fuckwits did!
Who took the land from me and you?
The Fuckwits did, we know it's true!

Are you Fuckwits, children dear?
We're GARBAGETOWNERS, free and clear!
But who made the garbage, rich and rank?
The Fuckwits did, and we give thanks«. (Valente 2016: 360)

Ein auf einem Pier vorbeiziehender Alleinherrscher mit Gefolge verbreitet in der Geschichte die Lüge, er hätte »real dry land« gesehen und es gäbe einen Plan, dorthin zu gelangen, um wieder wie früher als unersättliche Fuckwits zu leben. Die Menschen möchten dies nur zu gern glauben und bestrafen die Protagonistin Tetley mit drakonischen Mitteln, weil diese ihnen die Illusion raubt. Die Geschichte bietet verschiedene Deutungsebenen. Auf einer davon geht es um die Frage, ob es besser ist, mit der Illusion auf Rettung zu leben, oder eine deprimierende Situation anzunehmen, wie sie ist, sie zu verbessern oder gar Positives an ihr zu entdecken – Fragen, die an uns als Fuckwits gerichtet sind.

Ein zusätzliches fatales Umweltszenario der Zukunft zu Vereisung und Überschwemmung ist Dürre, die mit dem Klimawandel und menschlichen Verfehlungen begründet wird. Es gibt aber auch den Rahmen, um über die menschliche Gesellschaft und Herrschaftsstrukturen unter Extrembedingungen zu reflektieren. Der Film *Young Ones* (2014) spielt in den von schwerer Trockenheit heimgesuchten USA der Zukunft, wo es zwar noch eine Regierung zu geben scheint, diese aber offensichtlich kriminellen Machenschaften um die Wasserversorgung freien Lauf lässt. Die Geschichte dreht sich um eine Familie, deren Felder vor dem Austrocknen stehen und dringend Bewässerung benötigen. Auffällig ist, dass in dieser brutalen Welt Männer die Oberhand besitzen und Frauen im Grunde nichts zu melden haben, sondern als Randfiguren dastehen: Die Mutter der unglücklichen Familie ist im Krankenhaus, die Tochter ist Opfer der Handlungen ihres Vaters, Bruders und Geliebten ohne tatsächliche Selbstbestimmung – schwanger bleibt ihr der Hoffnungsschimmer auf Flucht ins Private. Es ist fraglich, ob der Film diese Strukturen kritisiert oder sie eher normalisiert.

Doch es kann noch schlimmer kommen, wenn man sich etwa die dystopische Welt von Margaret Atwoods *The Handmaids's Tale* (1985) zu Gemüte führt, wo vor dem Hintergrund einer verseuchten Umwelt Frauen entrechtet und als Sklavinnen bzw. Gebärmaschinen herhalten müssen. Auch der Tyrann Immortan Joe aus dem grandiosen Action-Spektakel *Mad Max: Fury Road* (2015) hält sich einen Harem von Frauen, die ihm Kinder gebären müssen. In der dystopischen *Mad-Max*-Welt aus den drei vorangegangenen Filmen (1979–1985) haben die Menschen die Erde zu einem unwirtlichen Ödland gemacht, in dem alle verzweifelt nach Wasser dürsten. Ein Teil der Welt – wohl Australien, in dem der Film gedreht wurde – wird von dem despotischen Immortan Joe regiert, der einem unmenschlichen Terrorregime vorsteht, das den Menschen das Wasser vorenthält und so seine Macht festigt. Am Ende wird die Tyrannei von einer Gruppe Frauen mit der Aussicht auf eine gerechtere und feministische Herrschaft beendet. Diese weibliche Selbstermächtigung wird im Film als Teil der Lösung präsentiert, doch den Versuch zu zeigen, wie genau diese aussehen kann, macht der Film nicht; er endet mit Immortan Joes Sturz.

In Paolo Bacigalupis Roman *The Water Knife* (2016), der in einem Südwesten der USA der Zukunft spielt, der von Klimawandel, Dürre, Extremwetter und vor allem Wasserknappheit sowie den daraus folgenden Flüchtlingskrisen geprägt ist, bedeutet Wasser zugleich Macht und Reichtum. Das Setting ist geprägt von dem Kampf und den Manipulationen um Wasserrechte, mit denen gierige Unternehmen Gewinne erwirtschaften und eine Elite versorgen. Die Strukturen führen dazu, dass alle, auch die Leidtragenden der Ungerechtigkeit, zuvorderst auf den eigenen Vorteil bedacht sind – der Überlebenskampf hebelt jegliche Solidarität aus. In *The Water Knife* leben die, die es sich leisten können, in so genannten »Arcologies« – eine tatsächliche Idee des Architekten Paolo Soleri (1973) für menschliche vertikale Habitate mit einem minimalen Effekt auf die Umwelt, die bisher aber nur als Fiktion umgesetzt wurden (TV Tropes 2022b).

Der Film *Elysium*, der im Jahr 2154 spielt, geht noch einen Schritt weiter, denn dort haben sich die Wohlhabenden auf die gleichnamige Raumstation mit mildem Klima und grüner Vegetation eingekauft – die Nachahmung eines »Stanford-Torus«-Weltraumhabitats, wie es in einem NASA-Workshop mit der Stanford Universität im Jahr 1975 erdacht wurde (Johnson/Holbrow 1977). Währenddessen müssen die zurückgebliebenen Menschen auf einer ökologisch ruinierten Erde ausharren und versuchen, unter prekären Bedingungen mit den begrenzten Ressourcen über die Runden zu kommen. In *Elysium* hat das Unternehmen »Armadyne«, das die Raumstation und ihre Verteidigungssysteme betreibt, die politische Macht inne. Es produziert auch die Polizeiroboter, die die Menschen auf der Erde überwachen und kontrollieren. Im Gegensatz dazu steht die Technik auf Elysium ganz im Dienst des Menschen, so gibt es dort beispielsweise Maschinen – sogenannte »Medical Pods« – die alle Krankheiten heilen können. Der Film ist also in erster Linie eine Kritik an den sozialen Ungleichheiten, die dadurch verschärft werden, dass der technische Fortschritt nur einer kleinen Elite zuteilwird (Maynard 2018, 109–127). Am Ende des Films wird Elysium gehackt, und allen Menschen winkt das Versprechen auf ein besseres Leben. Dieses naive Happy End kann aber nicht zufriedenstellen, denn es bietet keine Lösung für das eigentliche Problem des ökologischen Niedergangs der Erde, der eine der Hauptursachen für die im Film dargestellte soziale Ungleichheit zu sein scheint. Die Fragen, woher die Ressourcen kommen sollen, um allen Menschen einen Elysium-Standard zu gewährleisten, bleibt unbeantwortet.

Auf der linken Seite des Science-Fiction-Kontinuums lassen sich diese Filme als tatsächlich beängstigende mögliche Szenarien begreifen, welche negativen Zukünfte der Menschheit unter extremen klimatischen Verhältnissen und Ressourcenmangel bevorstehen. Es ist allerdings wichtig zu sehen, dass die prekären Situationen, die man sich in den USA und Europa für die Zukunft ausmalt, in anderen Teilen der Welt, die viel stärker von den Folgen des Klimawandels betroffen sind, schon jetzt Realität sind. Hin zur anderen Seite des Kontinuums werden die unmenschlichen Umweltbedingungen zur Rahmenhandlung, um negative Herrschaftsverhältnisse, Ausbeutung, Unterdrückung und Machtmissbrauch überdeutlich herauszustellen. Dafür sind auch große globale Konzerne verantwortlich, die mehr nach eigenen wirtschaftlichen Interessen als im Interesse der Menschheit handeln. Aus der Science-Fiction kennen wir diese Machenschaften insbesondere seit dem Ende der 1970er Jahre, beispielsweise im *Blade Runner*- oder *Alien*-Franchise, wo das Motiv eine Reaktion auf das seit den 1970er Jahren vorherrschende Wirtschaftskonzept des Neoliberalismus mit seinen negativen Elementen Privatisierung, Lohnzurückhaltung und Sozialabbau darstellt. So scheint das Ende der Welt immer auch ein Zustand, den man profitabel ausbeuten kann – ganz dem Diktum Fredric Jamesons folgend scheint es einfacher, sich das Ende der Welt vorzustellen als das Ende des Kapitalismus (Jameson 2005: 199).

4.5 Abschied von der zerstörten Erde

Ein anderes Narrativ neben dem Ausharren auf einer zerstörten Erde besteht darin, sie notgedrungen zu verlassen, um als Menschheit zu überleben. In Octavia Butlers *Parable*-Serie (1993–1998), die in einem zukünftigen, vom Klimawandel gebeutelten Kalifornien spielt, das von enormen Umsiedelungen und Vertreibungen geprägt ist, wird diese Idee als Chance gesehen. Mit der »Earthseed-Religion« soll die Menschheit auf ihr Schicksal vorbereitet werden, auf andere Planeten zu reisen, um sich so weiterzuentwickeln und eine bessere Gemeinschaft zu gründen. Die Idee hinter Earthseed ist, dass alles Leben auf der Erde anpassungsfähig ist und fernab der Erde an verschiedenen Orten und Kontexten neu gedeihen kann. Am Ende von *Parable of the Talents* (1998) fliegen die ersten Siedler jedoch mit einem Raumschiff namens »Christopher Columbus« zu den Sternen, »suggesting that perhaps the Earthseeders aren't escaping the nightmare of history at all, but bringing it with them instead« (Canavan 2014). Wird sich die Geschichte von Kolonisierung und Imperialismus also nur wiederholen?

Wenn es konkret wird, werden das Verlassen der Erde und eine mögliche Rückkehr oftmals ganz banal mit der Nahrungsmittelproduktion in der Form von Ackerbau gekoppelt – dem Sinnbild für die menschliche Lebensgrundlage genauso wie für die Ausbeutung der Natur. In der fernen Zukunft des 29. Jahrhunderts im Animationsfilm *Wall-E* (2008) ist die Erde zu einem buchstäblich vollständig mit Müll bedeckten Ödland geworden. Die Menschen haben sich auf riesige Raumschiffe gerettet, werden von Maschinen wie Haustiere umsorgt und sind durch Faulheit, Bewegungsmangel, Mikrogravitation und permanenten Medienkonsum geistig und körperlich verkümmert. Als Wall-E, der letzte Müllsammelroboter auf der Erde, einen lebenden Setzling findet, kehrt die Menschheit schlussendlich zurück, um noch einmal neu anzufangen. Der Abspann zeigt, dass die Menschen sich erholt und die Erde mithilfe von Technik und Maschinen zu einem fruchtbaren Paradies gemacht haben.

Im Film *Cargo* (2009) hat sich die verbliebene Menschheit im Jahr 2267 nach einem ökologischen Zusammenbruch, der die

Erde unbewohnbar gemacht hat, auf eine gigantische Raumstation in der Umlaufbahn um die Erde gerettet. Die Raumstation ist allerdings nicht komfortabel wie in *Elysium* oder die Raumschiffe in *Wall-E,* sondern überfüllt, kalt und dunkel – ein Abbild des Niedergangs der Menschheit. Die einzige Hoffnung besteht darin, nach »Rhea« zu gelangen, einem weit entfernten Planeten, der angeblich durch Terraforming zu einem utopischen Idealort mit einer üppigen Vegetation und einem funktionierenden Ökosystem umgewandelt wurde. Die Werbung zeigt Rhea in sonnenüberfluteten Bildern mit einer Frau, die in einem endlosen Getreidefeld spazieren geht und ein erfülltes Leben in einer natürlichen Umgebung führt, welche perfekt an den Menschen angepasst ist. Rhea ist jedoch eine Computersimulation, in die die Menschen, die glauben, dass sie tatsächlich auf den Planeten reisen, ohne es zu wissen, »eingesteckt« werden. Der Film hinterfragt diese Art von Eskapismus, aber er stärkt dennoch die Ansicht, dass die Natur gut ist, wenn sie das ideale Produkt von und für die Menschen ist. Am Ende des Films wird enthüllt, dass Teile der Erde wieder fruchtbar sind, was dazu führt, dass Gruppen von Menschen zurückkehren, um Nahrung anzubauen und die Erde für Menschen wieder bewohnbar zu machen. Wie schon in *The Water Knife* und *Elysium* lenken hier große Konzerne die Geschicke der Menschheit bzw. haben großen Einfluss auf die politische Machtausübung. In *Wall-E* ist es der Megakonzern »Buy n Large«, der die Raumschiffe baut und betreut, mit denen die Menschheit die Erde verlassen hat. In *Cargo* betreibt »Kuiper Enterprises« die Rhea-Simulation, die als letzter Hoffnungsschimmer die Menschen auf der Raumstation ruhigstellt.

Ein weiteres Beispiel stellt der Film *Interstellar* (2014) dar, wo zwar kein Konzern die Geschicke lenkt, aber es ebenfalls um nichts weniger als das Überleben der Menschheit geht. In naher Zukunft ist die Erde fast unbewohnbar geworden: Die Menschen werden von gigantischen Sandstürmen geplagt, Mehltau vernichtet die Ernte, und die landwirtschaftliche Produktion steht vor dem Zusammenbruch – es scheint nur eine Frage der Zeit, bis auch die letzten Nahrungsquellen erschöpft sind. Die einzige Chance für ein Überleben der Menschheit besteht darin, dass die Menschen sich einen neuen Planeten mit passenden Umweltbedingungen suchen. Ein Wurmloch in der Nähe des Saturn verspricht Hoffnung, denn es öffnet den Weg zu zwölf potenziell bewohnbaren Planeten in einer anderen Galaxie. Am Ende ist die Mission erfolgreich, ein neuer Planet wird auf der anderen Seite des Wurmlochs gefunden, und die Menschheit ist gerettet. Wir selbst als weiterentwickelte Wesen der fernen Zukunft, die sich durch Raum und Zeit bewegen können, sind es, die über das nötige Wissen zur Rettung verfügen und es vermitteln – wir ziehen uns also am eigenen Schopf aus dem Schlamassel. Der neue Planet wird nie gezeigt, dafür aber ein Weltraumhabitat, das den Saturn in der Nähe des Schwarzen Lochs umkreist. Es ist an das zylinderförmige Weltraumsiedlungskonzept des US-Physikers Gerard K. O'Neill angelehnt, das dieser in seinem 1977 erschienenen Buch *The High Frontier: Human Colonies in Space* vorgeschlagen hatte (O'Neill 1977). Das Habitat ist eine perfekte Nachahmung eines idealisierten Stücks mittlerer Westen der USA: Alles ist grün, es gibt ein Baseballfeld, fruchtbares Ackerland und gepflegte Farmhäuser. Verfremdet ist die Landschaft einzig dadurch, dass sie sich in einem Zylinder befindet und sich wie nach oben gefaltet über die Köpfe der Menschen spannt. Das Weltraumhabitat ist wie in *Elysium* eine ultimative technische Lösung, denn hier lässt sich die Natur als perfektes menschliches Produkt künstlich, kultiviert und gemäßigt abbilden.

Dieses Denken, nach dem Natur ein menschliches Produkt ist, begann laut Timothy Morton in der neolithischen Revolution mit Beginn des Ackerbaus vor 12 000 Jahren und hat sich bis in das Industriezeitalter immer weiter gesteigert. Das entsprechende landwirtschaftliche Programm nennt er »Agrilogistics« und es ist für ihn das »granddaddy hyperobject, the first one made by humans, and one that has sired many more. Toxic from the beginning to humans and other lifeforms, it operates blindly like a computer program« (Morton 2016a: 42). Insbesondere *Interstellar* erweitert die raumzeitliche Dimension des Hyperobjects Agrilogistics sogar, indem es sowohl weiter in die Zukunft als auch ins Weltall verlagert wird. Das Verhalten der Menschen, das zur Verwüstung der Erde geführt hat, ist eng mit technologischem Fortschritt verknüpft, aber es ist auch die Technologie, die Lösungen anzubieten scheint, um die Situation zu bewältigen – ob nun in Form von Raumschiffen, Weltraumhabitaten oder Simulationen. Mit diesen »Tech-Fixes« wird sich aber nichts am grundlegenden menschlichen Naturverhältnis ändern, vielmehr wird die Ansicht normalisiert, dass die Natur etwas sei, über das der Mensch frei verfügen könne (Hermann 2021c). Eine gänzlich desillusionierende Sichtweise liefert hier der schwedische Film *Aniara* (2018), der auf das gleichnamige schwedische Gedichtepos von Harry Martinson aus dem Jahr 1956 zurückgeht. Die Aniara ist ein Raumschiff, das Kolonisten von der ökologisch zerstörten Erde auf den Mars bringen soll, vom Kurs abkommt und nun ohne Aussicht, jemals irgendein Ziel zu erreichen, der Dunkelheit des Weltalls ausgeliefert ist. Die Leere des Alls spiegelt die innere Leere der Menschen, die anhand des materiellen und gesellschaftlichen Zerfalls auf dem Schiff ihr Trauma einer zerstörten Erde quasi erneut erleben und daran zugrunde gehen müssen. In *Aniara* werden die eigentlich nicht fassbaren Hyperobjekte Agrilogistics und Klimawandel im Zeitraffer des Raumschiffs als Mikrokosmos direkt erlebbar.

Die Ausbeutung der Natur scheint mit einem exzessiven Extraktivismus von Rohstoffen, Kolonialismus und der Plünderung von anderen Völkern Hand in Hand zu gehen, was sich anhand von interplanetaren Szenarien pointiert wiedergeben lässt. Ein Klassiker für dieses Motiv ist Frank Herberts Science-Fiction-Roman *Dune* (1965) inklusive seiner Fortsetzungen und Verfilmungen – die aktuellste von 2021 –, der in einer fernen Zukunft und einer feudalen interstellaren Gesellschaft spielt, die voll von politischen Ränkespielen um Macht, Ressourcen, Technologie und nichts weniger als die zukünftige Kontrolle des Universums ist. Die Geschichte dreht sich um den Wüstenplaneten Dune bzw. Arrakis, auf dem das Leben von Wassermangel geprägt ist, der aber als einzige Quelle der Droge »Spice« gilt, die nicht nur das Leben verlängert und die geistigen Fähigkeiten steigert, sondern dadurch auch unabdingbar für die Navigation im Weltall und deshalb der wichtigste Rohstoff überhaupt ist. Das Verhältnis der adligen Herrscherhäuser, die als Kolonialherren agieren und das Spice abbauen, zu den »Fremen«, den Bewohnern von Arrakis, ist mal von brutaler Unterdrückung und dann wieder von eher wohlwollender Toleranz geprägt. Die Gier nach Spice, das durch riesige Sandwürmer produziert wird, steht dem Plan entgegen, den Planeten durch Geoengineering allmählich von einer rauen Wüstenwelt in eine gemäßigte Welt mit Niederschlägen, Grünflächen und offenem Wasser zu verwandeln. Das Buch gilt als Vorreiter der Climate Fiction, indem es das blanke Überleben auf dem trockenen Planeten darstellt, was den Fremen nur gelingt, weil sie unendlich sparsam mit Wasser umgehen, etwa durch das Tragen von Stillsuits, die die gesamte Feuchtigkeit ihres Körpers recyceln.[48] Das Spice in *Dune* ist eine starke Metapher für eine Vielzahl von Assoziationen, die von Parallelen zum historischen, enorm einträglichen Gewürzhandel bis hin zu den Ölvorkommen im Nahen und Mittleren Osten als Treiber der Weltwirtschaft reichen. Als ultimativer Rohstoff steht Spice für kolonialistische Bestrebungen und imperialistische Ausbeutung (Kennedy 2021).

Die Geschichte des Films *Avatar* (2009) geht in eine ähnliche Richtung, wenn sie auch weit weniger komplex ist. Im Jahr 2154 sind die natürlichen Ressourcen auf der Erde erschöpft, so dass die irdische »Resources Development Administration« (RDA) den wichtigen Rohstoff »Unobtainium«[49] auf dem Mond Pandora im Alpha-Centauri-System ausbeutet. Im Gegensatz zu *Dune* wimmelt es in der fiktiven Biosphäre Pandoras nur so von üppiger Fauna und Flora, von biolumineszenten Arten bis hexapodalen Tieren. Mehr noch, das Ökosystem Pandoras bildet ein einziges neuronales Netz, das die gesamte Mondoberfläche umspannt und alle Lebewesen verbindet – eine Art Verwirklichung der Gaia-Hypothese, nach der die Erde und ihre Biosphäre wie ein Lebewesen betrachtet werden können (Lovelock 1979). Die indigenen humanoiden »Na'vi« verteidigen Pandora gegen die Ausbeutung von Unobtainium durch die Menschen. Diese haben biologische Na'vi-Avatare entwickelt, die genetisch auf eine bestimmte Person angepasst sind und per Bewusstsein aus der Ferne gesteuert werden können – so ist es den Menschen möglich, die für sie giftige Atmosphäre zu erkunden und mit den Na'vi in den Austausch zu treten. Es entspinnt sich eine Pocahontas-Geschichte um einen US-Marine im Na'vi-Avatar und eine Na'vi-Frau, die diesen in ihren Stamm einführt. Zusammen mit dem Marine tauchen wir sprichwörtlich in die Welt von Pandora mit seinem zauberhaften Ökosystem ein – der Film galt mit seinen 3D-Effekten als wegweisend, und auch die Fortsetzung von 2022 hat wieder neue technische Maßstäbe gesetzt. Die Menschen, die mit ihrer zerstörerischen Technik als das Gegenteil der schönen Na'vi dargestellt werden, können mit vereinten Kräften aller Stämme und dem Einsatz der wilden Tiere besiegt werden. Der Film prangert ganz offensichtlich Militarisierung, Ausbeutung und den Kolonialismus an, zu dem er mit der weißen Besiedlung von Nord- und Südamerika direkte Bezüge herstellt. Allerdings beschwört er auch einige Klischees des »Edlen Wilden« und verklärt eine vordemokratische patriarchale Stammeskultur in Einheit mit der Natur als romantisches Ideal (Pfeifenrath 2015: 74 ff.) Die große Frage bleibt: Wie können wir als Menschheit angesichts dieser Strukturen und jenseits von eskapistischen Ideen der Klimakrise, dem Raubbau an der Natur und unserer Ressourcenabhängigkeit entkommen?

4.6 Climate Fiction und Solarpunk – das System hinterfragen und ändern

»It's not climate change – it's everything change«, schrieb Margaret Atwood als Überschrift ihres 2015 erschienenen Essays (Atwood 2015). Sie meint damit, dass sich mit dem Klimawandel auch grundlegende gesellschaftliche und wirtschaftliche Veränderungen einstellen werden, egal ob wir uns dagegen sträuben oder nicht. Wir selbst können demnach beeinflussen, ob es ein »Change by Disaster« mit für die Menschheit negativen Veränderungen sein wird oder ein »Change by Design«, bei dem wir durch aktive Maßnahmen ein gerechteres und nachhaltiges System erreichen können. Der menschengemachte Klimawandel fällt unter das neue geistes- und sozialwissenschaftliche Paradigma des »Anthropozäns«, womit eine neue Epoche gemeint ist, in der menschliche Aktivitäten die Erde geologisch – meist verstanden im für den Menschen negativen Sinn – verändert haben (Crutzen 2002). Die Frage, wo der Beginn des Anthropozäns anzusetzen ist, gibt Raum für Diskussionen, und die Vorschläge reichen vom Beginn des Holozäns mit der neolithischen Revolution und dem Beginn des Ackerbaus bis zu der im 19. Jahrhundert einsetzenden Ressourcenverbrennung im Zuge der Industrialisierung der westlichen Welt – was die vorherrschende Lesart ist. Dabei stellt sich die Frage, ob die Veränderungen durch den Klimawandel und das Anthropozän nicht so weitreichend sind, dass alle Geschichten, die wir erzählen, im Grunde damit zusammenhängen und davon durchdrungen sind (Bould 2021).

Donna Haraway und Jason Moore sehen allerdings die grundlegenden Problematiken durch ein Anthropozän, das man im 19. Jahrhundert ansetzt, nicht erfasst und schlagen stattdessen den Begriff »Capitalocene« vor. Er steht für eine Welt mit einer kapitalistischen Organisationsstruktur ab der Frühmoderne im 15. und 16. Jahrhundert, in der sich – quasi als Weiterführung der Agrilogistics – die herrschende Auffassung manifestierte, dass man mit der Natur machen kann, was man nur will; die Natur »may be coded, quantified, and rationalized to serve economic growth, social development, or some other higher good« (Moore 2015). Mehr noch, die größte Stärke des Kapitalismus sei die Fähigkeit, Dinge als von Natur aus billig zu kreieren: »labor, food, energy, and raw materials« (Moore 2015) – was auch die größte Schwäche des Kapitalismus ist, weil dem System dadurch Ausbeutung und Ungerechtigkeit eingeschrieben sind. Man müsse vielmehr von den Ungerechtigkeiten erzählen, die der Dampfmaschine vorausgegangen seien, den »networks of sugar, precious metals, plantations, indigenous genocides, and slavery, with their labor innovations and relocations and recompositions of critters and things sweeping up both human and nonhuman workers of all kinds« (Haraway 2016). Für Donna Haraway ist klar: »Still, if we could only have one word for these SF times, surely it must be the Capitalocene« (ebd.).

Wenn es um eine Änderung der Organisationsstruktur geht, die ins Capitalocene bzw. ins Anthropozän geführt hat, um einen »everything change« zu bewirken, dann scheinen rein technische Lösungen im Sinne von Solutionismus (siehe Abschnitt 2.5) und Tech-Fixes nicht auszureichen. Denn solange die grundlegenden systemischen Fehler nicht behoben sind, wird Technologie diese nur potenzieren. Eine Scheinlösung bietet beispielsweise der Film *Downsizing* (2017), wo man die Menschen auf wenige Zentimeter schrumpft, so dass sie weniger Ressourcen verbrauchen, aber sonst nichts am System geändert wird – mit der Folge, dass sich nun quasi alles im Kleinen wiederholt.

Müssen wir also nicht das Wirtschaftssystem mit dem Wachstumsparadigma an sich und damit auch Gesellschaftsstrukturen hinterfragen und verändern? Es gibt Science-Fiction-Werke, die versuchen, Denk- und Handlungsstrukturen, die zum Capitalocene bzw. Anthropozän mit all den negativen Folgen beigetragen haben, nicht nur anzuprangern, sondern zu durchbrechen und alternative Ideen zu stärken. Kim Stanley Robinson erzählt in seinen Werken schon seit Jahrzehnten nicht nur vom menschengemachten Klimawandel, sondern auch von den Möglichkeiten und der Notwendigkeit eines anderen Wirtschaftens und sozialen Miteinanders (Heidorn/Robinson 2022). In seinem Roman *New York 2140* (2017) ist der Meeresspiegel so weit angestiegen, dass Teile von New York unter Wasser stehen. Die überschwemmten Welten dienen dazu, mögliche Folgen des Klimawandels mehr oder weniger plausibel aufzuzeigen, sie implizieren aber auch Werturteile über Mensch und Gesellschaft. Zwar hat sich das kapitalistische System nach den Krisen der Flutwellen erholt, doch nun, in dieser Zukunft, werden die Überreste von New York zu »lokalen Experimentierfeldern des Zusammenlebens« (Herold 2020: 50), denn die »Neuordnung in den überschwemmten Stadtteilen New Yorks ist dezidiert von Kooperation und Enthierarchisierung geprägt« (ebd.: 2021). All diese Experimente werden am Ort des Metropolitan Life Tower sichtbar, wo sich die verschiedenen Personen und Handlungsstränge verbinden. Indem Robinson mehr als hundert Jahre weit in die Zukunft geht, macht er die Folgen des Klimawandels und unseres Wirtschaftssystems sichtbar und versucht, in der Zerstörung neue Wege aufzuzeigen.

In seinem Folgewerk *The Ministry for the Future* (2020) geht Robinson einen Schritt weiter und setzt in der sehr nahen Zukunft des Jahres 2025 mit einem großen alternativen Zukunftsentwurf bis zur Mitte des 21. Jahrhunderts an, der zwar nicht alle Probleme der Menschheit löst, die großen Herausforderungen aber angeht. Am Anfang steht die Gründung einer UN-Behörde, die von der Presse als »Ministry for the Future« bezeichnet wird und sich um Gerechtigkeit für spätere Generationen kümmern soll. Das Buch folgt den Protagonist*innen Mary Murphy, der irischen Leiterin der Behörde in Zürich, und Frank May, einem US-amerikanischen Entwicklungshelfer, der als Einziger eine Hitzewelle in Indien überlebt, bei der mehrere Millionen Menschen sterben. Die Lebenswege der beiden, die sich immer wieder kreuzen, bilden das Grundgerüst einer Geschichte, die sich dem Schema einer individuellen Heldengeschichte bzw. der Behauptung eines »großen Wurfs« zur Lösung aller Probleme entzieht. Robinson geht von bestehenden Technologien, Wirtschaftssystemen und Gesellschaften aus und präsentiert ein Mosaik aus Ideen und Maßnahmen von Konsumverzicht, digitalen Carboncoins und CO_2-Besteuerung über Climate- und Geoengineering bis zum Klimaterrorismus. In einigen Kapiteln werden Ansichten von Wissenschaftler*innen, Klimaflüchtlingen oder Vorreiter*innen aus der Ich-Perspektive erzählt, in anderen erleben wir einen Perspektivwechsel, indem sich Moleküle und Konzepte selbst beschreiben oder wir die von einer KI verfassten Protokolle des Ministry lesen können. Einige Fäden laufen ins Leere, einige verbinden sich und werden weitergesponnen. Die bessere Zukunft ist am Ende ein Zusammenwirken vieler großer und kleiner Schritte. Da Robinson das Buch bewusst in einer sehr nahen Zukunft angesiedelt hat, um eine

»Brückenzeit« hin zu einer nicht perfekten, aber auch nicht katastrophalen langfristigen Zukunft zu beschreiben, lässt es sich auf der einen Seite des Science-Fiction-Kontinuums als tatsächliche Ideensammlung von Möglichkeiten zur technischen und wirtschaftlichen Bewältigung des Klimawandels lesen. Nichtsdestotrotz handelt es sich bei dem Buch aber auch um einen Science-Fiction-Roman, so dass die angeführten Überlegungen und Vorschläge zwar einen plausiblen Anspruch erheben, aber gleichzeitig als Projektionsfläche verstanden werden können, schlichtweg vieles Verschiedenes zu versuchen und auszuprobieren. *The Ministry for the Future* will Denkmuster und Herangehensweisen ändern und findet gerade in der »polyvocal« Struktur jenseits einer einzelnen Heldenerzählung seinen adäquaten Ausdruck (Brady 2020).

Auch Lino Alexander Zeddies bringt in *Utopia 2048* (2021) auf den Spuren von Ernest Callenbachs *Ecotopia* (1975) verschiedene Ansätze für eine bessere Zukunft zusammen. In dem Buch erkunden zwei Zeitreisende aus unserer Gegenwart die Zukunft des Jahres 2048 in Berlin, Singapur, Schweden und anderswo, in der die »große sozial-ökologische Transformation gelungen ist, die Demokratie blüht, Frieden und Wohlstand herrschen, die Wirtschaft am Gemeinwohl orientiert ist und die Klimakrise erfolgreich abgewendet wurde«. Einfach war dies nicht, denn Pole und Gletscher sind geschmolzen, Küstenstädte wie Jakarta und New York mussten evakuiert werden, es hat Dürren, Hungerkatastrophen und daraus resultierende Flüchtlingswellen nach Europa und neue Kriege gegeben. Mehrmals stand die Welt also wohl am Abgrund, »aber es scheint, dass das Leben am Ende immer einen Weg findet« (Zeddies 2021: 16, 17). Um diesen Weg der Transformation greifbar zu machen, präsentiert Zeddies viele konkrete Projekte und Ideen auf individueller, gesamtgesellschaftlicher und globaler Ebene, die jetzt zwar schon da, aber nicht in großem Rahmen umgesetzt und verbunden sind. Das reicht von basisdemokratischen und selbstverwalteten Strukturen über sinnstiftende Ausbildung und soziales Unternehmertum bis zur Geldreform und einer ökologischen Landwirtschaft. Wichtig ist dabei für Zeddies, dass verschiedene Ansätze in einem »Sowohl-als-auch« zusammengedacht und -gebracht werden:

> »Immer wieder habe ich die Erfahrung gemacht, dass die Lösung nicht in einem der Pole zu finden ist, wie links vs. rechts, Markt vs. Staat, Solidarität vs. Wettbewerb, Wachstum vs. Verzicht, Unternehmen vs. Umwelt, sondern dass die Lösung in der Integration beider Pole und Transzendenz des vermeintlichen Konflikts liegt. Regenerative Permakultur-Landwirtschaft schafft hohe Erträge und regeneriert den Boden, Demokratieinnovationen schaffen sowohl bessere Entscheidungen als auch mehr Bürgerbeteiligung, eine lebenswerte Postwachstumsökonomie schafft Nachhaltigkeit und Wohlstand.« (Schiel 2020)

Schon mehr als zur Climate Fiction kann *Utopia 2048* zum Genre der neuen ästhetisch-literarischen Bewegung des Solarpunk gezählt werden. Der Name setzt sich zusammen aus »Solar«, was für nachhaltige Energiegewinnung beispielsweise durch Solarpanels steht, und »Punk«, also einem rebellischen Moment, wie man es auch aus dem Cyberpunk-Genre kennt (siehe Abschnitt 2.7). Solarpunk ist aber im Gegensatz zu Cyberpunk nicht dystopisch, sondern steht im Zusammenhang mit queerer Science-Fiction (siehe Abschnitt 1.1) für Toleranz, Inklusion und Diversität, Überwindung von Grenzen und gemeinschaftliche Technikentwicklung zugunsten des Gemeinwohls, wozu auch urbane Landwirtschaft, organische Architektur und überhaupt eine spielerische Ästhetik zählen (Mehnert 2021). Ein Beispiel für das Genre ist die Kurzgeschichte *Sunshine State* (2016) von Adam Flynn und Andrew Dana Hudson. Sie spielt im Jahr 2040 in einer Welt, in der die Meeresspiegel steigen und die zunehmend von Extremwetterereignissen geprägt ist. In den Wetlands von Florida hat eine Gruppe von Aktivist*innen aus Schrott, Schiffscontainern, sonstigen geborgenen Materialien und einer Flottille von Hausbooten eine riesige Struktur geschaffen: The Myth. Dabei handelt es sich um ein Permakultur-Leuchtturmprojekt, das von Freiwilligen ehrenamtlich betrieben wird. Die Grundlage für die Aktivist*innen ist, dass ökologische Feuchtgebiete wichtige Funktionen für Kohlenstoffbindung, Wasserfilterung oder Hochwasserschutz haben, doch durch Wetteränderungen, steigenden Salzgehalt und Artensterben auf der ganzen Welt zugrunde gehen. The Myth nutzt innovative Technologien und Genmodifizierungen von Pflanzen, um die Wetlands der Everglades wiederherzustellen und robust zu machen.

Wir betreten The Myth mit den Augen der zum Zynismus neigenden Protagonistin, die sich aber eingestehen muss, dass »The Myth looked like a combination of botanical gardens, field laboratory, modern art gallery, and Roman bath. Definitely bizarre, but it was also the most beautiful thing she had ever seen«. (Flynn/Hudson 2016: 6) Als das illegale Projekt von der Regierung beendet zu werden droht, wird mithilfe von weitreichender effizienter Social-Media-Nutzung so viel Aufmerksamkeit erzeugt, dass die Regierung es nicht wagt, gegen The Myth vorzugehen. Und als ein gigantischer Sturm aufzieht, entpuppt sich The Myth als Arche für Tausende Flüchtende und wird fast zerstört, was aber am Ende eine Weiterentwicklung für das gesamte Projekt bedeutet:

»Their strange, swampy refugee town wasn't beautiful like The Myth, but it bustled with ever more activity – a new kind of New Wetland, one where humans were not just cultivators but a dependent part of the ecosystem. We've lost a monument, Ramses thought, but found a movement«. (ebd.: 23).

In eine ähnlich konstruktive Richtung zielt Cory Doctorows *The City of Coordinated Leisure* (2018), eine Kurzgeschichte im urbanen Ambiente von Burbank im amerikanischen Kalifornien einer nahen Zukunft, das von Hitzewellen geprägt ist:

> »Blinds drawn, the teachers reminded you and reminded you to drink water and slather on sunscreen, squawking like parrots. Parents met their kids at the school gate with parasols and solar-powered mister fans filled with ice water that they spritzed themselves with while slow-walking home, not tempting sunstroke«. (Doctorow 2018)

Mithilfe von Optimierung durch Technologie können Energieverbrauch und Arbeitsbelastung unter den hohen Temperaturen jedoch nachhaltig gestaltet werden – und wichtiger noch, die Technologie bevormundet die Bürger*innen nicht, sondern wird kommunal verwaltet, ermöglicht Selbstbestimmung und dient allen. Wir erleben die Welt durch die Augen eines Fünftklässlers, der alles daransetzt, eine spontane »Block Party« zu organisieren, zu der alle Nachbar*innen, gleich welchen Hintergrunds, eingeladen sind. Die Party kann stattfinden, weil die Bilanz der nachhaltigen Energiegewinnung stimmt und alle im Block durch »work-scheduling apps« ihre Pläne derart umändern können, dass sie ohne Probleme einen Tag frei haben. Technik kann zum Element der Befreiung und Selbstermächtigung werden, wenn wir sie in anderen sozialen Kontexten anwenden als zur bloßen Effizienz- und Leistungssteigerung (vgl. Abschnitt 2.7).

All diesen Ideen wohnt nicht nur etwas Positives, sondern auch etwas Spaßiges und Freude am Ausprobieren inne, ganz im Sinne von Timothy Morton:

> »Let's get a bit playful. Which also means, let's not have a one-size-fits-all politics. We need a politics that includes what appears least political – laughter, the playful, even the silly. We need a multiplicity of different political systems«. (Morton 2016b)

Dieses Spielerische kann auch davor bewahren, angesichts der eher utopischen Solarpunk-Vorstellungen in einen abwertenden Zynismus zu verfallen. Denn genetische Pflanzenmodifikationen wie in *Sunshine State* oder Steuerung des sozialen Lebens mit Apps wie in *The City of Coordinated Leisure* könnten ebenso die Ausgangslage für neue Dystopien sein. Worauf es aber ankommt, ist eine positive Grundhaltung, Dinge ohne Angst vor dem Scheitern auszuprobieren, um gemeinschaftliche soziale und technische Lösungsansätze zu entwickeln. Auf der linken Seite des Science-Fiction-Kontinuums lassen sich aus der Fiktion sicherlich Inspirationen für umsetzbare Ideen ablesen, doch vielmehr geht es auf der rechten Seite des Kontinuums darum, mit welchem Werteverständnis wir mit den Herausforderungen der Zukunft umgehen. In diesem Sinn ist es vielleicht weder die Utopie noch die Dystopie, die in die Zukunft weist, sondern die Anti-Dystopie (Hermann 2021d). Kim Stanley Robinson beschreibt seinen Roman *Ministry for the Future* selbst als »anti-dystopian«, als »resisting the idea that things are necessarily going to be bad. [...] It's not a utopian novel, because they haven't solved the problems, but have resisted dystopia« (Danaylov 2020). So bedeutet eine antidystopische Haltung auch, die Widersprüchlichkeiten der Welt jetzt und in der Zukunft anzunehmen, das Bestmögliche daraus zu machen und von diesen nicht perfekten, aber bestmöglichen widersprüchlichen Lösungen zu erzählen.

Zum Schluss: Science-Fiction als Bildung

Anhand der Beispiele Künstliche Intelligenz, Eroberung des Weltraums sowie Klimawandel und Umweltkatastrophen, die unsere reale Gegenwart einholen, wurde in dieser Einführung gezeigt, wie sich das Genre der Science-Fiction auf verschiedene Arten zu diesen Themen – die von Beginn an genretypische Tropen waren – verhalten kann. Das Science-Fiction-Kontinuum reicht dabei von realen technischen, wissenschaftlichen und gesellschaftlichen Möglichkeiten bis hin zu ihrer Funktion als Projektionsfläche, Metapher und Gedankenexperiment. Weitere aktuelle Themen, die an der Stelle bedeutsam sind, sind beispielsweise das Klonen, zu dem es nach dem ersten geklonten Säugetier – dem Schaf Dolly im Jahr 1996 – eine Fülle von Science-Fiction-Werken gab, genetische Optimierung angefeuert durch die Entschlüsselung des menschlichen Genoms durch Craig Ventor im Jahr 2000 und die neuen Durchbrüche in der CRISPR/Cas-Methode sowie weitere technische Formen des Human Enhancements wie Nanomedizin oder Bioprinting. Da wir scheinbar in Science-Fiction-Zeiten leben, hat sich das Genre von den Rändern der Wahrnehmung mittlerweile sowohl in den Mainstream als auch in die Feuilletons verschiedener Medien vorgearbeitet. Die immer globaler, heterogener und diverser werdenden Autor*innen und Werke haben etwas über die Bedingungen unserer Gegenwart und Zukunft zu sagen und werden von politischen Institutionen, gesellschaftlichen Gruppen und wirtschaftlichen Akteuren auch gehört. Die Science-Fiction hat dabei zugleich Inspiration, Kritik, die Vermittlung von Werten und Orientierungswissen anzubieten. Allerdings geht es der Science-Fiction nicht notwendigerweise um die Überwindung bestehender gesellschaftlicher und wirtschaftlicher Strukturen, die zu globalen Ungerechtigkeiten führen; oft zeigt sie uns eher, dass die Fortsetzung der Gegenwart in eine negative Zukunft unvermeidlich ist. Dies kann auf zynische Weise geschehen wie in der eingangs erwähnten Episode *Three Robots: Exit Strategies*, in dystopischer Manier wie in den meisten *Black-Mirror*-Folgen oder mit oftmals katastrophalem Ausgang wie in der Climate Fiction. Doch gerade hier lässt sich als Startpunkt für Diskussionen ansetzen, welche Werte hinter den Vorstellungen stecken, wie bessere Zukünfte zu gestalten wären und wie man davon erzählen könnte.

Die Beschäftigung mit Science-Fiction ist deshalb per se politische Zukunftsbildung. Insbesondere ein stärkerer Einbezug von Science-Fiction in der Schule könnte kritische Diskurse zu Zukunftsthemen anregen (Probst 2020). Werke wie Aldous Huxleys *Brave New World* (1932), George Orwells *1984* (1948) oder Ray Bradburys *Fahrenheit 451* (1953) gehören zwar schon zum curricularen Standardrepertoire gesellschaftspolitischer (Technik-)Dystopien, doch wie diese Einführung zeigen wollte, bietet die Science-Fiction viele weitere und auch zeitgenössische Werke, um sich mit Schüler*innen verschiedener Altersstufen kritisch mit natur-, geistes- und sozialwissenschaftlichen Entwicklungen auseinanderzusetzen. In Fächern wie Physik, Chemie, Biologie oder Informatik kann Science-Fiction Begeisterung wecken und gleichzeitig eine Diskussion über verantwortungsvolle Wissenschaft anregen. In Geschichte oder Politik lassen sich sensible Themen wie Kolonialismus oder politische Unterdrückung an Science-Fiction-Beispielen erarbeiten, die eine Distanz zu den Themen schaffen und so möglicherweise einen leichteren Zugang erlauben. Für Philosophie und Religion bietet die Science-Fiction eine umfassende Sammlung an Stoffen und Perspektiven, die Gedankenexperimente und theoretische Überlegungen anschaulich machen. Dabei lassen sich in Zeiten von Zukunftssorgen und Climate Anxiety (Welzer 2018) auch explizit positive Zukunftswerte wie im Solarpunk und teilweise in der Climate Fiction vermitteln. Science-Fiction kann zudem in Zukunftswerkstätten und Futures Literacy Workshops selbst zur Methode werden, um eingefahrene Denkstrukturen zu verlassen – auch eignen sich Methoden der Design Fiction oder des Prototyping in der Schule oder Universität dafür genauso wie im unternehmerischen Kontext (siehe Abschnitt 1.2).

Aufschlussreich ist hier auch ein Blick darauf, wie die Themen Lernen und Bildung in der Science-Fiction selbst präsentiert werden und wie sich die Ansichten im Laufe der Zeit verändern. Das lässt sich beispielsweise an der gängigen Trope des »Robo-Teachers« ablesen. In einer Zeit des unbekümmerten Fortschrittsglaubens in den 1950er und 1960er Jahren war in den USA die Vorstellung, Schulklassen von Robotern unterrichten zu lassen, durchaus positiv besetzt – nicht zuletzt, weil in der Zeit die Baby-Boomer in die Schulen strömten und das System aus allen Nähten zu platzen drohte (Novak 2013). So wurde der Junge Elroy in der Zeichentrickserie *The Jetsons* (1962–1963), die als Pendant zu den steinzeitlichen *Flintstones* in der Zukunft spielte, nicht nur von der tantenhaften Roboterlehrerin Ms. Brainmocker unterrichtet, Zukunftsvisionen von Roboterlehrer*innen waren auch jenseits der Popkultur auf Messen und in Zeitungen präsent (ebd.). Zugleich gab es aber auch schon kritische Stimmen dazu in der Science-Fiction, so etwa, wenn in Philip K. Dicks *Martian Timeslip* (1964) die roboterhaften Lernmaschinen dem Protagonisten zufolge weniger der Erziehung und Bildung dienen als vielmehr der negativ verstandenen Formung und Anpassung von Kindern. Der Robo-Teacher wird zum Symbol für ein normiertes Schulsystem mit ebenso normierten Lehrer*innen.

Heutzutage dreht sich die Diskussion weniger um den realen Einsatz von Lehrrobotern im Unterricht als vielmehr um den Einsatz von Künstlicher Intelligenz als Software zur Entlastung der Lehrenden bei Routinetätigkeiten wie Korrekturen oder zur gezielten Unterstützung und Förderung von Schüler*innen. Dies wirft größere ethische Fragen auf, z.B. nach Privatsphäre, Datenschutz, Effizienz- und Optimierungsdruck sowie den technischen Voraussetzungen und der sinnvollen Umsetzung von Digitalisierungsmaßnahmen an Schulen – vor allem auch im Zusammenhang mit der COVID-19-Pandemie. Sowohl im realen Diskurs und der technischen Entwicklung als auch in der Science-Fiction werden die Unterschiede zwischen Robotern und KI zunehmend verwischt (siehe Abschnitt 2.1). In der Science-Fiction agieren Künstliche Intelligenzen bzw. KI-Roboter bei der Erziehung und Wissensvermittlung oft manipulativ und verschleiern ihren Schützlingen die wahren Verhältnisse zum eigenen Vorteil wie beispielsweise in dem Film *I am Mother* (2018) oder dem Hörspiel *AI Mom* (2022) von Serotonin. Es gibt aber auch positive Bezugnahmen wie in Angela und Karlheinz Steinmüllers *Andymon* (1982), wo das Aufziehen bzw. die Erziehung der Kinder durch Roboter bzw. Künstliche Intelligenz als Chance verstanden wird, um die Grundlage für den Aufbau einer besseren Gesellschaft zu legen. Künstliche Intelligenz wird zum Bild für technische Unterdrückung einerseits und für technische Befreiung andererseits. Eine zeitgemäße Darstellung findet sich in Ian Chengs animiertem Kunstfilm *Life After BOB* (2020). Hier wird einem Mädchen bei der Geburt eine KI namens »BOB« (Bag of Believes) eingesetzt; BOB wird physisch und psychisch zum Teil des Mädchens und vermittelt ihm nicht nur sämtliches

Wissen, sondern nimmt auch Einfluss auf seinen Lebenssinn und sein Schicksal. Fernab von Überlegungen, ob eine solche KI technisch umgesetzt werden könnte, stellen sich bei *Life After BOB* ganz gegenwärtige Fragen: Ersetzen mittlerweile digitale Assistenzsysteme und Plattformen Bildung, Erziehung und Wissensvermittlung für unsere Kinder? Wer stellt die Inhalte sicher? Und wo werden soziales Miteinander und demokratische Werte heute ausgebildet?

Diese und die vielen anderen Beispiele zeigen, wie breit das Angebot ist, welches die Science-Fiction für konkrete und allgemeine Bildungskontexte sowie eine Reflexion der Gegenwart im Gesamten bietet. Und bei allen Überlegungen zu diesem faszinierenden Genre, die in dieser Einführung vorgestellt wurden und die angesichts des großen Themenumfangs nicht erschöpfend sein können, möchte ich eines nicht unerwähnt lassen: Die Science-Fiction vermag beim Nachdenken zugleich wunderbar zu unterhalten.

Anhang

Anmerkungen

1 An der Schnittstelle von Forschung, die sich mit Utopien und deren Potenzialen einerseits und Science-Fiction andererseits auseinandersetzt, befinden sich beispielsweise die Arbeiten von Fredric Jameson (2005) und Tom Moylan (1986).

2 Amüsanterweise war Hugo Gernsbacks favorisierter Begriff zunächst »Scientifiction«.

3 Für eine kompakte Geschichte der russischen Science-Fiction siehe Shvartsman (2021).

4 Im Jahr 2012 erschien die von Gerson Lodi-Ribeiro herausgegebene Anthologie *Solarpunk: Histórias ecológicas e fantásticas em um mundo sustentável*, die 2018 unter dem Titel *Solarpunk: Ecological and Fantastical Stories in a Sustainable World* auf Englisch publiziert wurde.

5 Für ein weiteres Beispiel meine Zusammenarbeit mit dem Science-Fiction Autor Tom Turtschi, der für die analytische Betrachtung extra eine Science-Fiction-Geschichte verfasst hat (Hermann/Turtschi 2021).

6 Mit der »willentlichen Aussetzung der Ungläubigkeit« versuchte 1817 der Dichter, Literaturkritiker und Philosoph Samuel Taylor Coleridge, das Verhalten der Rezipienten gegenüber künstlerischen Werken verständlich zu machen. Die Theorie beschreibt die bereitwillige Akzeptanz der Gegebenheiten eines fiktiven Werks, selbst wenn diese fantastisch oder unmöglich sind. Das Publikum lässt sich auf die Illusion ein, um dafür gut unterhalten zu werden (TV Tropes 2022a).

7 Die Zeitreise-Trope ist insofern spannend, weil sie normalerweise die Zeitreise selbst plausibilisiert – beispielsweise durch eine Zeitmaschine –, während wir in den meisten Science-Fiction-Werken einfach in die zukünftige Welt »geworfen« werden.

8 Diese Definition von »Future History« im engeren Sinn als Verbindung der Gegenwart mit der fiktiven zukünftigen Welt ist allerdings nur eine mögliche Verwendung des Begriffs. Im weiteren Sinn bezeichnet Future History ein »zusammengehöriges Bündel an SF-Werken, zumeist Erzählungszyklen oder Romanserien, die in einem gemeinsamen fiktiven künftigen historischen Kontext oder Setting angesiedelt sind« (Steinmüller/Steinmüller 2021: 209). Beispiele dafür sind Ursula Le Guins *Hainish Cycle* oder das *Star-Trek*-Franchise.

9 Das Entscheidende ist die plausible Extrapolation gegenwärtiger Thematiken, wobei es laut Kim Stanley Robinson egal ist, ob die Science-Fiction-Geschichte ein Jahr oder fünf Billionen Jahre in der Zukunft bzw. der alternativen Vergangenheit liegt (Danaylov 2020).

10 Science-Fiction, Fantasy und Horror werden im deutschsprachigen Raum oft als »Fantastik« zusammengefasst, im englischsprachigen Raum auch als »Speculative Fiction« (siehe Abschnitt 1.5).

11 Wobei man davon ausgehen kann, dass sich Drachenmythen in bestimmten Kulturen tatsächlich aufgrund des Fundes von Dinosaurier-Fossilien entwickelt haben.

12 In den 1940er und 1950er Jahren gab es vor allem von Robert A. Heinlein die Bestrebung, den Begriff »Speculative Fiction« zu etablieren. Damit wollte er ein Genre schaffen, das sich mehr mit den menschlichen und sozialen Konsequenzen von wissenschaftlich-technischen Neuerungen befasst als mit diesen selbst, was insgesamt zu einer Aufwertung des Science-Fiction-Genres gegenüber einer bloßen Begeisterung für Technik und die Wunder des Fortschritts führen sollte. In jüngerer Zeit hat es ähnliche Bestrebungen in der Literatur gegeben – besonders von Margaret Atwood –, Speculative Fiction als eigenes Genre explizit von Science-Fiction abzugrenzen. Allerdings ist der Ausgangspunkt hier, dass es in der Speculative Fiction im Gegensatz zur Science-Fiction um tatsächlich real mögliche Zukunftsentwürfe gehen soll, die aktuelle Trends weiterführen (Atwood 2005: 92f.). Beide angestrebten Unterscheidungen haben sich allerdings im Großen und Ganzen nicht durchgesetzt. Nach mittlerweile gängigem Konsens vereint Speculative Fiction als Überbegriff alle Kulturformen, die über alternative oder zukünftige Gesellschafts- und Lebensformen nachdenken und die unsrigen hinterfragen. Speculati-

ve Fiction umfasst dabei Science-Fiction, Fantasy und Horror, aber auch Varianten und Mischformen wie beispielsweise Gothic, Weird Fiction, Geistergeschichten, Superheldengeschichten, Steampunk oder magischen Realismus etc. und zeichnet sich gerade dadurch aus, dass es keine enge Definition gibt, sondern der Begriff sich ständig erweitert. Ausführlicher zur Begriffsgeschichte von Speculative Fiction siehe Oziewicz (2019) und Bill (2013).

13 Ausführlicher zu Biopunk siehe Schmeink (2016).

14 Ausführlicher zu Afrofuturismus siehe Thomas (2000) und Kelly (2021).

15 Genau genommen sind sie aber gar keine Maschinen, sondern künstliche Menschen aus synthetischem organischem Material.

16 Dem entspricht beispielsweise auch die Definition von Künstlicher Intelligenz in der KI-Strategie der Deutschen Bundesregierung (2018: 5).

17 Siehe für eine ausführliche Darstellung ausgewählter »Film-Roboter« auch Ruge 2012.

18 Ergebnisse und Veranstaltungen des Global AI Narratives Project finden sich unter https://www.ainarratives.com/. [04.01.2023]

19 Unter Narrativen werden etablierte Erzählungen verstanden, die für einen Kulturkreis sinnstiftende Wirkungen haben, weil sie bestimmte Emotionen und Werte vermitteln (Bal 2009: 3–13). Narrative sind nicht auf Texte im engeren Sinn beschränkt, sondern beziehen sich auf den gesamten Korpus von Texten, Bildern, Ereignissen und kulturellen Artefakten.

20 Dies geht auch auf ein Missverständnis der Begrifflichkeiten zurück, denn in einer philosophischen Betrachtung geht es bei der »Autonomie« um die Selbstbestimmung von Individuen, während man unter Autonomie im technischen Bereich die Fähigkeit eines künstlichen Systems versteht, auch hochkomplexe Aufgaben automatisiert auszuführen. Die Vermischung dieser beiden verschiedenen Bedeutungen findet in der Science-Fiction ihren Ausdruck, wenn fiktive KI tatsächlich als Akteur ernst genommen wird.

21 Später fügte Asimov auch ein »Nulltes Gesetz« hinzu, das den anderen hierarchisch vorausging: »Zeroth Law: A robot may not harm humanity, or, by inaction, allow humanity to come to harm« (siehe Abschnitt 2.6).

22 Der Roboter Sophia beispielsweise äußert keine eigenen Gedanken, sondern folgt eingeschränkten Skripten, um Aufmerksamkeit zu generieren, was im Marketinginteresse des Unternehmens Hanson Robotics und von Investoren liegt (Estrada 2018). Durch Vermenschlichung von Robotern würde man laut Joanna Bryson, Professorin für Ethik und Technologie, echte Menschen dehumanisieren (Bryson 2010). Zu welchen absurden Konstellationen das führen kann, zeigt einmal mehr Sophia: Der Roboter erhielt 2017 die Staatsbürgerschaft von Saudi-Arabien. Dieser Marketing-Gag, der sowohl Hanson Robotics als auch Saudi-Arabien einige Publicity bescherte, fand vor dem Hintergrund statt, dass die Rechte von Frauen in Saudi-Arabien trotz Lockerungen weiterhin stark eingeschränkt sind (Kosyfologou 2021). Könnte man überspitzt sagen, dass der »weibliche« Roboter Sophia am Ende in Saudi-Arabien sogar mehr Rechte besitzt als saudische Frauen?

23 Andrew ist ein Roboter der *NDR-Roboterserie* – woraus sich sein Name ergibt, wenn man die Buchstaben »NDR« hintereinander auf Englisch ausspricht. Sehr viele von Asimovs Roboternamen lassen sich so auf eine Serien- oder Produktionsnummer zurückführen.

24 Entsprechend muss der humanoide Roboter Chitti in dem indischen Film *Enthiran* (2010), der zu den erfolgreichsten Blockbustern Bollywoods zählt und in eine ganze Filmreihe mündete, unter anderem eine für Bollywood typische Tanzchoreografie absolvieren.

25 Zitat von Tasha Yar aus der Episode Datalore aus *Star Trek: The Next Generation* (Staffel 1, Episode 13) (1988).

26 Zum hundertjährigen Jubiläum von *R.U.R.* entwickelte ein tschechisches Theaterprojekt das experimentelle Stück *AI: When a Robot Writes a Play*, dessen Skript fast vollständig auf das Sprachsystem GPT-2 zurückgeht (Morgan 2021). Das von einem Algorithmus geschriebene Stück handelt von einem humanoiden Roboter, der in verschiedenen Szenen Menschen trifft und in menschliche Angelegenheiten rund um Tod, Gewalt, Ungerechtigkeit, Sex und Liebe verwickelt wird. Hier liegt ein doppelter Zerrspiegel vor: Das KI-System GPT-2 verfasst Textbausteine auf Grundlage von menschlichen Texten, mit denen es trainiert wurde, für ein Theaterstück, in dem menschliche Dramen, Befindlichkeiten und Irrationalitäten durch

den Blickwinkel eines »Außenstehenden« – eines Roboters – entlarvt und erlebt werden.

27 Die britische Serie *Humans* (2015–2018) basiert auf dem schwedischen Original *Äkta människor – Real Humans* (2012–2014).

28 Der nach dem Computerpionier Alan Turing benannte Test soll zeigen, ob eine Maschine ein dem Menschen ebenbürtiges Denkvermögen hat. Dabei führt ein Mensch eine Unterhaltung mit zwei ihm unbekannten Gesprächspartnern, von denen einer eine Maschine ist. Kann der Mensch nicht sagen, wer die Maschine ist, hat die Maschine den Test bestanden. Ein Kritikpunkt neben vielen weiteren ist, dass der Turing-Test nicht das Vermögen der Maschine zeige, sondern das Vermögen der Programmierer, eine Maschine zu bauen, die Menschen so manipulieren kann, dass sie denken, es handle sich um einen menschlichen Gesprächspartner.

29 Als Gegenbeispiel lässt sich hier die Konstruktion von AlphaGo anführen, die in der gleichnamigen Dokumentation von Gres Kohs aus dem Jahr 2017 detailliert dargestellt ist und die intensive Teamarbeit zeigt.

30 Die Tatsache, dass Kyoko ein asiatisches Aussehen hat, »might be read as simply perpetuating a long history in which women of color were doubly marginalized – but it could also be read as a critique of this history« (Vint 2020: 83).

31 Interessanterweise findet sich bei berühmten vergleichbaren »männlichen« Robotern diese Sexualisierung nicht in derselben Form. Als es in der Folge *The Measure of a Man* von *Star Trek: The Next Generation* darum geht zu bestimmen, ob Data ein Bewusstsein und damit Persönlichkeitsrechte besitzt, ist seine Liaison mit Crewmitglied Tasha Yar lediglich einer der angeführten Punkte. Auch im *Bicentennial Man* ist Sexualität ein Punkt unter vielen, der den Roboter Andrew nach und nach immer menschlicher macht – volle rechtliche Anerkennung erfährt er aber erst, als er sich selbst sterblich macht. Ebenso wird Tom aus *Ich bin dein Mensch* (2021), der zu dem Zweck erschaffen wurde, ein perfekter Partner zu sein, nicht zuvorderst als Sexobjekt dargestellt.

32 In der Science-Fiction-Komödie *Dark Star,* die wenig später im Jahr 1974 erschien, wird ein solcher Dialog sehr humoristisch geführt, wenn am Ende Lieutenant Doolittle versucht, eine sprechende

Atombombe mit philosophischen Einlassungen am Explodieren zu hindern.

33 »The Ultimate Computer« kann man sowohl mit »bester Computer« als auch mit »letzter Computer« übersetzen. Ist am Ende der Computer der beste, der sich selbst abschaltet? Einer der Pioniere der KI-Forschung, Marvin Minsky, hat sich in den 1950er Jahren schon die »Ultimate Machine« ausgedacht. Hierbei handelt es sich um einen Kasten mit einem An- und Ausschaltknopf. Schaltet man die Maschine an, geht die Schachtel auf, heraus kommt eine Hand, die den Hebel wieder auf »Aus« stellt und zurück in der Box verschwindet.

34 Der Film geht auf die Kurzgeschichte *Das Haus* von Dirk Kurbjuweit von 2019 zurück, weicht aber von der Buchvorlage ab.

35 Der Film geht auf das gleichnamige Buch von Marc Elsberg (2014) zurück, weicht aber von der Buchvorlage ab.

36 Man könnte sich vorstellen, dass der opake bürokratische Apparat in Franz Kafkas *Der Prozess* (1925), der dem Angeklagten Josef K. keinerlei Einblicke in Anklagepunkte, Beweisführung oder Terminlage gewährt, in einer zeitgemäßen Aktualisierung auch als undurchsichtiges KI-System interpretiert werden könnte.

37 Ein Beispiel ist das »Moral Machine«-Projekt des MIT Media Lab (https://www.moralmachine.net/hl/de). Die Beschäftigung mit dem Trolley-Problem bei autonomen Fahrzeugen bezeichnet Rodney Brooks andererseits als »pure mental masturbation dressed up as moral philosophy«, die keinerlei Relevanz besitze, um die Fahrzeuge sicherer zu machen (Brooks 2017). Auch nach den Terroranschlägen vom 11. September 2001 auf das World Trade Center wurde diskutiert, ob es ethisch gerechtfertigt sei, ein Passagierflugzeug abzuschießen, das von Terroristen als Waffe verwendet wird, um vermeintlich mehr Menschen zu töten – ein Dilemma, das Ferdinand von Schirach in seinem Theaterstück *Das Urteil* (2015) behandelt, welches unter gleichem Namen 2016 verfilmt wurde.

38 Dieses Prinzip wird allerdings im Verlauf der verschiedenen *Star-Trek*-Serien zunehmend abgeschwächt, wenn beispielsweise in Borg-Drohnen umgewandelte Individuen wieder aus dem Kollektiv herausgelöst werden, die Borg-Königin doch mit individuellen Ängsten und Schwächen zu kämpfen hat oder sogar ein neues Borg-Kol-

lektiv entsteht, das auf Zusammenarbeit statt auf Unterwerfung basiert.

39 Vgl. für derartige trans- und posthumanistische Diskussionen im Cyberpunk-Genre Mehnert (2022).

40 Im Jahr 2012 brachte das französische Elektro-Pop-Duo Air sein sechstes Studioalbum unter dem Titel *Le Voyage dans la Lune* heraus, das gleichzeitig als Soundtrack für die restaurierte Fassung des Films dient.

41 Siehe auch das Radio-Feature »Zum Mars! Der Traum vom Roten Planeten« (Meth/Seeßlen 2017) sowie den Essay »Mars – ein Sehnsuchtsort« (Steinmüller/Steinmüller 2022: 19–31).

42 Der russische Originaltitel »Der rote Stern« verweist sowohl auf die kommunistische Symbolik als auch auf den Planeten Mars.

43 Zeitgleich erschien der Film *Red Planet* (2010), der im Jahr 2056 spielt – hier will man den Mars als Rettungsort besiedeln, weil die Erde vor einem ökologischen Kollaps steht, und versucht sich ab dem Jahr 2025 in seiner *Terraformung* durch sauerstoffproduzierende Algen (siehe Abschnitt 4.5).

44 Das Autorenpaar Angela und Karlheinz Steinmüller stellt sich in *Andymon* (1982) die Frage, wie Menschen, die die Erde gar nicht kennen und nicht auf ihr sozialisiert worden sind, eine gute Gesellschaft – eine Utopie – auf einem fremden Planeten aufbauen können. Ermöglicht wird dieses Gedankenexperiment durch die Idee eines Kolonisationsschiffes, das mit ausreichend Zeit vor der Ankunft auf dem unwirtlichen Planeten Andymon künstliche Gebärautomaten in Betrieb nimmt, um aus befruchteten Eizellen Kinder auszubrüten. Von guten Robotern erzogen und gerade erwachsen geworden, müssen die Kinder der ersten Generation auf Andymon eine eigene Gesellschaft entwickeln und sich als Individuen mit ihr arrangieren.

45 Bei *Star Trek: The Next Generation* heißt es im Intro: »Space: the final frontier. These are the voyages of the starship Enterprise. Its continuing mission: to explore strange new worlds. To seek out new life and new civilizations. To boldly go where no one has gone before!«

46 Der Begriff Space Opera war eine Analogie zu den Begriffen Horse Opera für einfach gestrickte Westernabenteuer sowie Soap Opera für serielle »Hausfrauenunterhaltung«.

47 Vergleiche auch Milkoreit (2016).

48 Herbert wurde bei der Konzeption seines Wüstenplaneten tatsächlich von den Sanddünen an der Küste des US-Bundesstaats Oregon beeinflusst, die im Zuge eines Erhaltungsprojekts befestigt werden sollten (Gaspar de Freitas 2021).

49 »Unobtainium« ist ein fiktionaler Begriff für Stoffe und Materialien, die sehr wertvoll, aber schwer zu bekommen sind und bestimmte Anwendungen ermöglichen. Der Begriff kommt beispielsweise auch in dem Film *The Core* (2003) beim Bau einer Schiffshülle vor, die bei erhöhtem Druck stärker wird, um so eine Reise zum Mittelpunkt der Erde zu ermöglichen.

Literatur

Abizadeh, Arash (2005): Does Collective Identity Presuppose an Other? On the Alleged Incoherence of Global Solidarity. The American Political Science Review 99(1), S. 45–60.

Adams, Rachel (2019): Helen A'Loy and other tales of female automata: a gendered reading of the narratives of hopes and fears of intelligent machines and artificial intelligence. AI & Society 35, S. 569–579. https://doi.org/10.1007/s00146-019-00918-7.

Admirand, Peter (2021): Compassionate, Gentler Sci-Fi: Extraterrestrial, Interspecies' Dialogue (EID) in Becky Chambers' Wayfarers Series. Ex-centric Narratives: Journal of Anglophone Literature, Culture and Media 5, S. 121–136. doi:https://doi.org/10.26262/exna.v0i5.8272.

Asimov, Isaac (2004) [1950]: I, Robot. New York: Bantam Dell.

Asimov, Isaac (1990): Robot Visions. London: Penguin Books.

Atwood, Margaret (2005): Writing with intent: essays, reviews, personal prose, 1983–2005. New York: Carroll & Graf Publishers.

Atwood, Margaret (2015): It's not climate change – it's everything change. Medium. https://medium.com/matter/it-s-not-climate-change-it-s-everything-change-8fd9aa671804. [04.01.2023]

Badmington, Neil (2004): Alien Chic: Posthumanism and the Other Within. New York: Taylor & Francis.

Bal, Mieke (2009): Narratology: Introduction to the Theory of Narrative. Toronto: University of Toronto Press.

Barrett, Michèle/Barrett, Duncan (2001): Star Trek: the human frontier. New York: Routledge.

Bellamy, Brent Ryan/O'Brien, Sean (2018): Solar Accumulation: The Worlds-Systems Theory of *The Expanse*. Science Fiction Studies 45(3), S. 515–529. https://doi.org/10.5621/sciefictstud.45.3.0515.

Belton, Olivia/Devlin, Kate (2020): The measure of a woman: fembots, fact and fiction. In: Cave, Stephen/Dihal, Kanta/Dillon, Sarah (Hg.): AI narratives: a history of imaginative thinking about intelligent machines. Oxford: Oxford University Press, S. 357–381.

Bill, R.B. (2013): The Uses of Genre and the Classification of Speculative Fiction. Mosaic 46(2), S. 71–85. https://doi.org/10.1353/mos.2013.0021.

Bishop, Bryan (2015): More human than human: the making of Ex Machina's incredible robot. The Verge. https://www.theverge.com/2015/5/8/8572317/ex-machina-movie-visual-effects-interview-robot-ava.[04.01.2023]

Blackford, Russell (2017): Science Fiction and the Moral Imagination: Visions, Minds, Ethics. Cham: Springer Nature.

Bostrom, Nick (2014): Superintelligence: Paths, Dangers, Strategies. Oxford: Oxford University Press.

Bould, Mark (2021): The Anthropocene Unconscious: Climate Catastrophe Culture. London, New York: Verso Books.

Brady, Amy (2020): A Crucial Collapse in »The Ministry for the Future«. Chicago Review of Books. https://chireviewofbooks.com/2020/10/27/a-crucial-collapse-in-the-ministry-for-the-future. [04.01.2023]

Brayton, Sean (2008): The Post-White Imaginary in Alex Proyas's »I, Robot«. Science Fiction Studies 35(1), S. 72–87.

Broderick, Damien (2017) [1992]: Reading sf as a mega-text. In: Latham, Rob (Hg.): Science Fiction Criticism: An anthology of essential writings. New York: Bloomsbury, S. 139–148.

Brooks, Rodney A. (2017): Unexpected Consequences of Self Driving Cars. https://rodneybrooks.com/unexpected-consequences-of-self-driving-cars/. [04.01.2023]

Brooks, Rodney A. (2002): Flesh and Machines: How Robots Will Change Us. New York: Pantheon Books.

Bryson, Joanna (2010): Robots should be slaves. In: Wilks, Yorick (Hg.): Close engagements with artificial companions: key social, psychological, ethical and design issues. Amsterdam: John Benjamins Publishing Company, S. 63–74. https://doi.org/10.1075/nlp.8.11bry.

Buchanan, Kyle (2015): Does Ex Machina have a woman problem, or is its take on gender truly futuristic? Vulture. https://www.vulture.com/2015/04/why-ex-machina-take-on-gender-is-so-advanced.html. [04.01.2023]

Canavan, Gerry (2014): »There's Nothing New / Under The Sun, / But There Are New Suns«: Recovering Octavia E. Butler's Lost Parables. Los Angeles Review of Books. https://lareviewofbooks.org/article/theres-nothing-new-sun-new-suns-recovering-octavia-e-butlers-lost-parables/. [04.01.2023]

Cave, Stephen/Dihal, Kanta (2018): Ancient dreams of intelligent machines: 3,000 years of robots. Nature 559, S. 473–475. https://doi.org/10.1038/d41586-018-05773-y.

Cave, Stephen/Dihal, Kanta (2019): Hopes and fears for intelligent machines in fiction and reality. Nature Machine Intelligence 1, S. 74–78. https://doi.org/10.1038/s42256-019-0020-9.

Cave, Stephen/Dihal, Kanta (2020): The Whiteness of AI. Philosophy & Technology 33, S. 685–703. https://doi.org/10.1007/s13347-020-00415-6.

Chiang, Ted (1998): Story of Your Life. In: Hayden, Patrick Nielson (Hg.): Starlight 2. New York: Tor Books.

Chu, Seo-Young (2010): Do Metaphors Dream of Literal Sleep? A Science-Fictional Theory of Representation. Harvard: Harvard University Press.

Clarke, David (2015): How UFOs Conquered the World: The History of a Modern Myth. London: Aurum Press Limited.

Cramer, Kathryn/Hartwell, David G. (2007): The Space Opera Renaissance. New York: Tor Books.

Crutzen, Paul J. (2002): Geology of mankind: the Anthropocene. Nature 415, S. 23.

Cullen, Heidi (2015): Personal Stories About Global Warming Change Minds. The New York Times. https://www.nytimes.com/roomfordebate/2014/07/29/will-fiction-influence-how-we-react-to-climate-change/personal-stories-about-global-warming-change-minds. [04.01.2023]

Danaylov, Nikola (2020): Kim Stanley Robinson on Climate Change and the Ministry for the Future. Singularity Weblog. https://www.singularityweblog.com/kim-stanley-robinson/. [04.01.2023]

Dargis, Manohla (2015): Review: In ›Ex Machina,‹ a mogul fashions the droid of his dreams. The New York Times. https://www.nytimes.com/2015/04/10/movies/review-in-ex-machina-a-mogul-fashions-the-droid-of-his-dreams.html. [04.01.2023]

Dastin, Jeffrey (2018): Amazon scraps secret AI recruiting tool that showed bias against women. Reuters. https://www.reuters.com/article/us-amazoncom-jobs-au-tomation-insight/amazon-scraps-secret-ai-recruiting-toolthat-showed-bias-against-women-idUSKCN1MK08G [04.01.2023]

Dath, Dietmar (2019): Niegeschichte. Science Fiction als Kunst- und Denkmaschine. Berlin: Matthes & Seitz.

D'Avanzo, Charlene (2018): Climate Fiction as Environmental Education. Bulletin of the Ecological Society of America 99(4), S. 1–3.

De Luce, Ivan (2019): Something profound happens when astronauts see Earth from space for the first time. Business Insider. https://www.businessinsider.com/overview-effect-nasa-apollo8-perspective-awareness-space-2015-8. [04.01.2023]

Devlin, Kate (2018): Turned on: science, sex and robots. London: Bloomsbury Publishing.

Die Bundesregierung (2018): Strategie Künstliche Intelligenz der Bundesregierung. Berlin. https://www.bundesregierung.de/resource/blob/975226/1550276/3f7d3c41c6e05695741273e78b8039f2/2018-11-15-ki-strategie-data.pdf. [04.01.2023]

Doctorow, Cory (2018): The City of Coordinated Leisure. The Atlantic. https://www.theatlantic.com/technology/archive/2018/02/the-city-of-coordinated-leisure/554276/. [04.01.2023]

Doctorow, Cory (2020): The Dangers of Cynical Sci-Fi Disaster Stories. Slate. https://slate.com/technology/2020/10/cory-docotorow-sci-fi-intuition-pumps.html. [04.01.2023]

Drobe, Christina (2015): »If nothing we do matters, than all that matters is what we do« – Traditionelle Erlösungsvorstellungen im Science-Fiction-Film. In: Schärtl, Thomas/Hassel Jasmin (Hg.): Nur Fiktion? Religion, Philosophie und Politik im Science-Fiction-Film der Gegenwart. Münster: Aschendorff Verlag, S. 145–183.

Duden (2016): Wirtschaft von A bis Z: Grundlagenwissen für Schule und Studium, Beruf und Alltag. 6. Aufl. Mannheim: Bibliographisches Institut 2016. Lizenzausgabe Bonn: Bundeszentrale für politische Bildung 2016. https://www.bpb.de/nachschlagen/lexika/lexikon-der-wirtschaft/19548/grenzen-des-wachstums. [04.01.2023]

Eberl, Ulrich (2018): Was ist Künstliche Intelligenz – was kann sie leisten? APuZ 6–8/2018, S. 8–14.

Eberl, Ulrich (2016): Smarte Maschinen – Wie Künstliche Intelligenz unser Leben verändert. München: Carl Hanser Verlag.

Elstermann, Knut (2021): Utopia in Babelsberg – Science Fiction aus der DDR. Dokumentation des RBB. https://www.youtube.com/watch?v=lHd_wqkO4FY. [04.01.2023]

Estrada, Daniel (2018): Sophia and her critics. Medium. https://medium.com/@eripsa/sophia-and-her-critics-5bd22d859b9c. [04.01.2023]

Finn, Ed (2016): Praying for Rain: An Interview with Paolo Bacigalupi. In: Mikloreit, Manjana/Martinez, Meredith/Eschrich, Joey (Hg.) (2016): Everything Change – An Anthology of Climate Fiction. Arizona State University, S. 207–215.

Flynn, Adam/Hudson, Andrew Dana (2016): ›Sunshine State.‹ In: Mikloreit, Manjana/Martinez, Meredith/Eschrich, Joey (Hg.) (2016): Everything Change – An Anthology of Climate Fiction. Arizona State University, S. 3–23.

Franke, Ulrike (2018): On Science Fiction and Warfare: Thinking Outside the Box. International Centre for Defence and Security. Diplomaatia, Special Issue May 2018.

Frey, Andreas (2017): War es das jetzt doch mit dem Golfstrom? Frankfurter Allgemeine Zeitung. https://www.faz.net/aktuell/wissen/erde-klima/meere/klimawandel-was-passiert-mit-dem-golfstrom-14781898.html. [04.01.2023]

Fritsch, Matthias/Lindwedel, Martin/Schärtl, Thomas (2003): Wo nie zuvor ein Menschen gewesen ist – Science-Fiction-Filme: Angewandte Philosophie und Theologie. Regensburg: Verlag Friedrich Pustet.

Gabriel, Markus (2019): Der Sinn des Denkens. Berlin: Ullstein Verlag.

Gaspar de Freitas, Joana (2022): Dune(s): Fiction, history, and science on the Oregon coast. The Anthropocene Review 9(3). https://doi.org/10.1177/20530196211056814.

Gerould, Daniel (1983): On Soviet Science Fiction. Science Fiction Studies 31(3), S. 341–343.

Goldfuß, Amelie/Sontopski, Natalie (2021): Once an Assistant, Always an Assistant. How AI representation is stuck in the gendered past. Futuress. https://futuress.org/magazine/once-an-assistant-always-an-assistant. [04.01.2023]

Grotkopp, Matthias (2016): Survival of Spaceship Earth. In: Power, Aidan/González de Reufels, Delia/ Greiner, Rasmus et al. (Hg.): Die Zukunft ist jetzt. Science-Fiction-Kino als audio-visueller Entwurf von Geschichte(n), Räumen und Klängen. Berlin: Bertz + Fischer.

Grover, Varun (2022): The Dilemma of Social-Media and Polarization Around the Globe. Journal of Global Information Technology Management 25:4, S. 261–265. https://doi.org/10.1080/1097198X.2022.2137079.

Hamilton, Tyler (2015): Will the rise of »cli-fi« spur youth into climate action? Corporate Knights 14(2), S. 6.

Hamrell, Harald (2017): Echte Menschen? – Über die Entstehung der Fernsehserie *Äkta människör – Real Humans*. In: Jaspers, Kristina/Warnecke, Nils/Waz, Gerlinde/Zill, Rüdiger (Hg.): Future Worlds. Science-Fiction-Film. Berlin: Bertz + Fischer, S. 97–107.

Hantke, Steffen (2014): *Star Trek*'s Mirror Universe Episodes and US Military Culture through the Eyes of the Other. Science Fiction Studies 41(3), S. 562–578. https://doi.org/10.5621/sciefictstud.41.3.0562.

Haraway, Donna J. (2016): Tentacular Thinking: Anthropocene, Capitalocene, Chthulucene. E-flux 75. https://www.e-flux.com/journal/75/67125/tentacular-thinking-anthropocene-capitalocene-chthulucene/. [04.01.2023]

Hassler-Forest, Dan (2016): Science Fiction, Fantasy, and Politics: Transmedia World-Building Beyond Capitalism. Lanham: Rowman & Littlefield.

Haul, Michael (2018): Alexei Tolstoi: Aëlita. Astron Alpha. https://www.astronalpha.de/b%C3%BCcher/aelita/. [04.01.2023]

Hauser, Linus/Novian, Michael (2015): »Das Leben hier begann dort draußen« – Die Präastronautik als Systemesoterik der Gegenwartskultur unter besonderer Berücksichtigung der Battlestar Galactica-Serie. In: Schärtl, Thomas/Hassel Jasmin (Hg.): Nur Fiktion? Religion, Philosophie und Politik im Science-Fiction-Film der Gegenwart. Münster: Aschendorff Verlag, S. 121–144.

Heaven, Will Douglas (2022): The new version of GPT-3 is much better behaved (and should be less toxic). Technology Review. https://www.technologyreview.com/2022/01/27/1044398/new-gpt3-openai-chatbot-language-model-ai-toxic-misinformation/. [04.01.2023]

Heidorn, Fritz/Robinson, Kim Stanley (2022): Kim Stanley Robinson. Erzähler des Klimawandels. Berlin: Hirnkost Verlag.

Heidorn, Fritz (2021): Science-Fiction-Literatur zum Klimawandel: Den Blick für verschiedene Zukünfte öffnen. Klimafakten. https://www.klimafakten.de/meldung/science-fiction-literatur-zum-klimawandel-den-blick-fuer-verschiedene-zukuenfte-oeffnen. [04.01.2023]

Heidorn, Fritz (2019): Ein Meisterwerk der kosmologischen Science-Fiction. Die Zukunft. https://diezukunft.de/essay/buch/ein-meisterwerk-der-kosmologischen-science-fiction. [04.01.2023]

Hermann, Isabella (2015): Science-Fiction-Filme des neuen Jahrtausends unter politologischem Blickwinkel: Identitäts- und Alteritätskonstruktionen im Science-Fiction-Film. In: Schärtl, Thomas/Hassel Jasmin (Hg.): Nur Fiktion? Religion, Philosophie und Politik im Science-Fiction-Film der Gegenwart. Münster: Aschendorff Verlag, S. 93–119.

Hermann, Isabella (2018): Boundaries and otherness in science-fiction: how we cannot escape the human condition. Text Matters 8(8), S. 212–226. https://doi.org/10.1515/texmat-2018-0013.

Hermann, Isabella (2020a): Künstliche Intelligenz in der Science-Fiction: Zwischen Magie und Technik. FIfF-Kommunikation 4/2020, S. 12–17.

Hermann, Isabella (2020b): Beware of AI Narratives. Nature Machine Intelligence 2, S. 654. https://doi.org/10.1038/s42256-020-00256-0.

Hermann, Isabella (2021a): Mehr Demokratie durch KI?. In: Denkfabrik (Hg.): Verbündet euch! Für eine bunte, solidarische und freie Gesellschaft. Hamburg: Nautilus Flugschrift, S. 149–156.

Hermann, Isabella (2021b): Artificial intelligence in fiction: between narratives and metaphors. AI & Society. https://doi.org/10.1007/s00146-021-01299-6.

Hermann, Isabella (2021c): Science-Fiction and International Relations in the Anthropocene. In: Chandler, David/Rothe, Delf/Müller, Franziska (Hg.): International Relations in the Anthropocene, London: Palgrave Macmillan, S. 425–440.

Hermann, Isabella (2021d): Die Dystopie ist da, die Utopie ist tot – es lebe die Anti-Dystopie! In: Wiedergrün, Lucia Margerita/Unterhauber, Tobias (Hg): »Fantastikforschung als Hoffnungsforschung«. Zeitschrift für Fantastikforschung 9(1), S. 33–42. https://doi.org/10.16995/zff.7941.

Hermann, Isabella (2021e): Climate change and science fiction: What we can (not) learn from disaster films. In: MOSF Journal of Science Fiction 5(1), S. 8–10.

Hermann, Isabella/Turtschi, Tom (2021): Die Doppelblind-Mission – ein Spiel? FIfF-Kommunikation 4/2021, S. 30–34.

Herold, Emanuel/Farzin, Sina/Gaines, Susan M. (2016): Between Fact and Fiction: Climate Change Fiction. Science Fiction Studies 43(3), S. 609–611.

Herold, Emanuel (2020): Nichts als Katastrophen? Klimawandel als Herausforderung für die utopische Tradition. Ecozona 11(1), S. 43–62.

Hillenbrand, Tom (2021): Qube. Köln: Kiepenheuer & Witsch.

Hiller, Alexandra (2017): Algorithmen als Schicksalsmaschinen. Netzpolitik. https://netzpolitik.org/2017/radiofeature-algorithmen-als-schicksalsmaschinen/. [04.01.2023]

Holmes, David (2014): ›Cli-fi‹: could a literary genre help save the planet? The Conversation. https://theconversation.com/cli-fi-could-a-literary-genre-help-save-the-planet-23478. [04.01.2023]

Horn, Eva (2020): »Eine Katastrophe ohne großen Knall«. Deutschlandfunk Kultur. https://www.deutschlandfunkkultur.de/kulturwissenschaftlerin-ueber-den-klimawandel-eine.1008.de.html?dram:article_id=481808. [04.01.2023]

Hoffmann, Ute/Marz, Lutz (1992): Leitbildperspektiven. Technische Innovationen zwischen Vorstellung und Verwirklichung. In: Burmeister, Klaus/Steinmüller, Karlheinz (Hg.): Streifzüge ins Übermorgen. Science-fiction und Zukunftsforschung. Weinheim: Beltz Verlagsgruppe, S. 197–222.

IMDb (2022a): Ad Astra – Brad Pitt: Roy McBride. https://www.imdb.com/title/tt2935510/characters/nm0000093. [04.01.2023]

IMDb (2022b): The Measure of Man: Quotes. https://www.imdb.com/title/tt0708807/characters/nm0001772. [04.01.2023]

IMDb (2022c): Oscar Isaac: Nathan: Quotes. https://www.imdb.com/title/tt0470752/characters/nm1209966. [04.01.2023]

IMDb (2022d): Fiona Hogan: V.I.K.I. https://www.imdb.com/title/tt0343818/characters/nm0389524. [04.01.2023]

IPCC (2022): Sechster IPCC-Sachstandsbericht (AR6). Beitrag von Arbeitsgruppe II: Folgen, Anpassung und Verwundbarkeit. https://www.de-ipcc.de/354.php. [04.01.2023]

Irsigler, Ingo/Orth, Dominik (2018): Zwischen Menschwerdung und Weltherrschaft: Künstliche Intelligenz im Film, APuZ 6–8/2018, S. 39–46.

Jameson, Fredric (2005): Archaeologies of the Future: The Desire Called Utopia and Other Science Fictions. London, New York: Verso Books.

Johnson, Richard D./Holbrow, Charles (1977): Space Settlements: A Design Study. NASA. https://ntrs.nasa.gov/citations/19770014162. [04.01.2023]

Johnson, Brian David (2011): Science Fiction Prototyping: Designing the Future with Science Fiction. San Rafael: Morgan & Claypool Publishers.

Johnson, D.G./Verdicchio, M. (2017): Reframing AI Discourse. Minds and Machines 27(4), S. 575–590. https://doi.org/10/ggncqg.

Kakoudaki, Despina (2014): Anatomy of a Robot: Literature, Cinema and the Cultural Work of Artificial People. New Brunswick: Rutgers University Press.

Kaltheuner, Frederike (2021): Fake AI. Meatspace Press. https://fakeaibook.com/. [04.01.2023]

Kelly, Natasha (2021) (Hg.): The Comet – Afrofuturism 2.0. Berlin: Bundeszentrale für politische Bildung.

Kennedy, Kara (2021): Spice and Ecology in Herbert's Dune: Altering the Mind and the Planet. Science-Fiction Studies 48, S. 444–461. https://doi.org/10.1353/sfs.2021.0079.

Kessler, Donald J./Cour-Palais, Burton G. (1978): Collision frequency of artificial satellites: The creation of a debris belt. Journal of Geophysical Research 83(6). https://doi.org/10.1029/JA083iA06p02637.

Kiersey, Nicholas J./Neumann, Iver B. (2013) (Hg.): Battlestar Galactica and International Relations. New York: Routledge.

Kirby, David A. (2011): Lab Coats in Hollywood: Science, Scientists, and Cinema. Cambridge: MIT Press.

Klotz, Udo (2021): Gral, Fake oder Vision? Künstliche Intelligenz in der Realität und der Science-Fiction. !Time Machine 5/2021.

Kosyfologou, Aliki (2021): Die Situation der Frauen in Saudi-Arabien. Rosa-Luxemburg-Stiftung. https://www.rosalux.de/news/id/45316/die-situation-der-frauen-in-saudi-arabien. [04.01.2023]

Kremp, Matthias (2022): Google-Ingenieur hält KI für fühlendes Wesen – und wird beurlaubt. Der Spiegel. https://www.spiegel.de/netzwelt/web/google-beurlaubt-ingenieur-der-einer-ki-gefuehle-zuschreibt-a-3d873abb-6a82-444d-b319-699a42841ca1. [04.01.2023]

Kühnert, Theresa (2019): Wie emotional darf Bildung für nachhaltige Entwicklung sein? Bundeszentrale für politische Bildung. https://www.bpb.de/lernen/digitale-bildung/werkstatt/302322/wie-emotional-darf-bildung-fuer-nachhaltige-entwicklung-sein. [04.01.2023]
Kulke, Ulli (2009): Als uns vor 30 Jahren eine neue Eiszeit drohte. Die Welt. https://www.welt.de/wissenschaft/umwelt/article5489379/Als-uns-vor-30-Jahren-eine-neue-Eiszeit-drohte.html. [04.01.2023]
Kurzweil, Ray (2005): The Singularity is near. New York: Viking Press.
Le Guin, Ursula (2010) [1969]: The Left Hand of Darkness. New York: Ace Books.
Lehmkuhl, Ursula (2009): Die Erschließung des amerikanischen Westens. fundiert: Räume 1/2009. https://www.fu-berlin.de/presse/publikationen/fundiert/archiv/2009_01/09_lehmkuhl/index.html. [04.01.2023]
Lemoine, Blake (2022): Is LaMDA Sentient? — An Interview. Medium. https://cajundiscordian.medium.com/is-lamda-sentient-an-interview-ea64d916d917. [04.01.2023]
Lenton, Timothy et al. (2019): Climate tipping points – too risky to bet against. Nature 575, S. 592–595.
Leufer, Daniel (2020): Why we need to bust some myths about AI. Patterns. https://doi.org/10.1016/j.patter.2020.100124.
Liu, Cixin (2017) [2004]: Spiegel. München: Heyne Verlag.
Löfflmann, Georg (2013): Hollywood, the Pentagon, and the cinematic production of national security. Critical Studies on Security 1(3), S. 280–294. https://doi.org/10.1080/21624887.2013.820015.
Loh, Janina (2017): Ethik: Roboterethik. Über eine noch junge Bereichsethik. Information Philosophie 1/2017, S. 20–33.
Loh, Janina (2018): Trans- und Posthumanismus zur Einführung. Hamburg: Junius Verlag.
Loh, Janina (2019): Roboterethik: Eine Einführung. Berlin: Suhrkamp Verlag.
Lovelock, James (1979): Gaia: A New Look at Life on Earth. Oxford: Oxford University Press.
Lowe, Thomas/Brown, Katarina et al. (2006): »Does Tomorrow Ever Come? Disaster Narrative and Public Perceptions of Climate Change«. Public Understanding of Science 15(4), S. 435–457.
Lukinbeal, Chris (2019): The Chinafication of Hollywood: chinese consumption and the self-censorship of U.S. Films through a case study of

Transformers Age of Extinction. Erdkunde 73(2), S. 97–110, https://doi.org/10.3112/erdkunde.2019.02.02.

Masala, Carlo (2010): Neorealismus. In: Masala, Carlo/Sauer, Frank/Wilhelm, Andreas (Hg.): Handbuch der Internationalen Politik, S. 53–66. Wiesbaden: VS Verlag für Sozialwissenschaften. https://doi.org/10.1007/978-3-531-92148-8_4.

Mast, Maria/Stockrahm, Sven (2018): Die größte Müllkippe der Welt ist gut versteckt. Die Zeit. https://www.zeit.de/wissen/umwelt/2018-07/plastik-meer-tiefsee-nordpazifik-muellstrudel-oekosystem. [04.01.2023]

Maynard, Andrew (2018): Films from the future: the technology and morality of Sci-Fi movies. Coral Gables: Mango Publishing Group.

Mcfarlane, Anna/Murphy, Graham J./Schmeink, Lars (2019) (Hg.): The Routledge Companion to Cyberpunk Culture. New York: Routledge.

McIntosh, Jonathan (2016): Military Recruitment and Science Fiction Movies. Popculture Detective. https://popculturedetective.agency/2016/military-recruitment-and-science-fiction-movies. [04.01.2023]

Mehnert, Wenzel (2019): Dystopische Möglichkeitsräume – Near Future Science Fiction als Schnittstelle zu möglichen Zukünften. In: Haensch, Konstantin Daniel/Nelke, Lara/Planitzer, Matthias (Hg.): Unheimliche Schnittstellen/Uncanny Interfaces. Hamburg: Textem Verlag.

Mehnert, Wenzel (2021): Solarpunk oder wie SF die Welt retten will. In: Wylutzki, Melanie/Kettlitz, Hardy (Hg.): Das Science Fiction Jahr 2021, S. 139–157. Berlin: Hirnkost Verlag.

Mehnert, Wenzel (2022): Zwischen Körper und Geist – Transhumanistische Metapher in der Science-Fiction. In: Käppele, Sophie/Kirschbauer, Johanna/Recksiek, Leonie Claire (et al.): Körpern. Berlin: Logos.

Meller, Marius (2013): Die Zukunft einer Halluzination. Deutschlandfunk. https://www.deutschlandfunk.de/die-zukunft-einer-halluzination-100.html. [04.01.2023]

Meske, Mara (2011): »Natur ist für mich die Welt«. Lebensweltlich geprägte Naturbilder von Kindern. Wiesbaden: VS Verlag für Sozialwissenschaften. http://doi.org/10.1007/978-3-531-92760-2_4.

Milkoreit, Manjana (2016): The promise of climate fiction. Imagination, storytelling, and the politics of the future. In: Wapner, Paul/Hilal, Elver (Hg.): Reimagining Climate Change. New York: Routledge, S. 171–191.

Milner, Andrew et al. (2015): Ice, Fire and flood: Science fiction and the Anthropocene. Thesis Eleven 131(1), S. 12–27.

Milner, Andrew/Burgmann, J.R. (2018a): Climate Fiction: A World-Systems Approach. Cultural Sociology 12(1), S. 22–36.

Milner, Andrew/Burgmann, J.R. (2018b): A Short Pre-History of Climate Fiction. Extrapolation 59(1), S. 1–23.

Mira, Aiki (2022): Was ist Queer*SF? Mehr als nur Science Fiction! https://www.tor-online.de/magazin/science-fiction/was-ist-queersf-mehr-als-nur-science-fiction. [04.01.2023]

Misselhorn, Catrin (2018): Maschinenethik und »Artificial Morality«: Können und sollen Maschinen moralisch handeln? APuZ 6–8/2018, S. 29–33.

Mittermeier, Sabrina/Spychala, Mareike (2020): ›Never Hide Who You Are‹: Queer Representation and Actorvism in Star Trek: Discovery. In: Mittermeier, Sabrina/Spychala, Mareike (Hg.): Fighting for the Future: Essays on Star Trek: Discovery. Liverpool: Liverpool University Press, S. 331–350. https://doi.org/10.2307/j.ctv131btmh.20.

Moore, Jason W. (2015): Capitalism in the Web of Life: Ecology and the Accumulation of Capital. London, New York: Verso Books.

Moravec, Hans (1988): Mind Children. Harvard: Harvard University Press.

Morgan, Fergus (2021): The AI's the thing: How a robot wrote a play about joy and suffering. The Stage. https://www.thestage.co.uk/features/the-ais-the-thing-how-a-robot-wrote-a-play-about-joy-and-suffering. [04.01.2023]

Morozov, Evgeny (2013): To save everything, click here: the folly of technological solutionism. New York: Public Affairs.

Morton, Timothy (2013): Hyperobjects: Philosophy and Ecology after the End of the World. Minneapolis: University of Minnesota Press.

Morton, Timothy (2016a): Dark Ecology: For a Logic of Future Coexistence. New York: Columbia University Press.

Morton, Timothy (2016b): What Is Dark Ecology?. Changing Weathers. https://www.changingweathers.net/en/episodes/48/what-is-dark-ecology/. [04.01.2023]

Mosher, Dave (2017): SpaceX has published Elon Musk's presentation about colonizing Mars – here's the full transcript and slides. Business Insider. https://www.businessinsider.com/elon-musk-mars-iac-2017-transcript-slides-2017-10. [04.01.2023]

Moskowitz, Sam (1974) [1963]: Explorers of the Infinite. Shapers of Science Fiction. Westport: Hyperion Press.

Moylan, Tom (1986): Demand the Impossible: Science Fiction and the Utopian Imagination. London: Methuen Publishing.

Mühlhoff, Rainer (2020): Human-aided artificial intelligence: or, how to run large computations in human brains? Toward a media sociology of machine learning. New Media & Society 22(10), S. 1868–1884. https://doi.org/10.1177/1461444819885334.

Murphy, Mekado (2015): ›Ex Machina‹ features a new robot for the screen. The New York Times. https://www.nytimes.com/2015/04/05/movies/ex-machina-features-a-new-robot-for-the-screen.html. [04.01.2023]

Nachtwey, Oliver/Seidl, Timo (2020): The Solutionist Ethic and the Spirit of Digital Capitalism. SocArXiv Papers. https://doi.org/10.31235/osf.io/sgjzq.

NASA (2015): Nine Real NASA Technologies in ›The Martian‹. https://www.nasa.gov/feature/nine-real-nasa-technologies-in-the-martian/. [04.01.2023]

Neuhaus, Wolfgang (2003): Die Geburt der Space Opera aus dem Geiste des Imperialismus. Telepolis. https://www.heise.de/tp/features/Die-Geburt-der-Space-Opera-aus-dem-Geiste-des-Imperialismus-3429975.html. [04.01.2023]

Neumann, Iver B. (2001): ›Grab a Phasor Ambassador‹: Diplomacy in Star Trek. Millennium – Journal of International Studies 30(3), S. 603–624.

Newton, Michael (2016): What Steven Spielberg's science fiction tells us about America. The Guardian. https://www.theguardian.com/film/2016/jun/03/what-steven-spielbergs-science-fiction-tells-us-about-the-america. [04.01.2023]

Ní Fhlainn, Sorcha (2016): ›There's Something Very Familiar About All This‹: Time Machines, Cultural Tangents, and Mastering Time in H.G. Wells's *The Time Machine* and the *Back to the Future* trilogy. Adaptation 9(2), S. 164–184. https://doi.org/10.1093/adaptation/apv028.

Nida-Rümelin, Julian/Weidenfeld, Nathalie (2018): Humanismus – Eine Ethik für das Zeitalter der Künstlichen Intelligenz. München: Piper.

Novak, Matt (2013): The Jetsons Get Schooled: Robot Teachers in the 21st Century Classroom. Smithsonian Magazine. https://www.smithsonianmag.com/history/the-jetsons-get-schooled-robot-teachers-in-the-21st-century-classroom-11797516/. [04.01.2023]

Ó hÉigeartaigh, Seán (2015): Hollywood Global Warming Dramas Can Be Misleading. The New York Times. https://www.nytimes.com/roomfordebate/2014/07/29/will-fiction-influence-how-we-react-to-climate-change/hollywood-global-warming-dramas-can-be-misleading. [04.01.2023]

Oziewicz, Marek (2017): Speculative Fiction. Oxford Research Encyclopedia of Literature. https://doi.org/10.1093/acrefore/9780190201098.013.78.

Pansegrau, Petra/Weingart, Peter (2004): Von Menschenzüchtern, Weltbeherrschern und Abenteurern – Die Wissenschaft im Spiegel Hollywoods. Forschung an der Universität Bielefeld 27/2004, S. 23–30.

Peltz-Steele, Richard J. (2003): On a Wagon Train to Afghanistan: Limitations on *Star Trek's* Prime Directive. University of Arkansas at Little Rock Law Review 25(3).

Perkins-Kirkpatrick, Sarah (2017): Can ›cli-fi‹ actually make a difference? A climate scientist's perspective. The Conversation. https://theconversation.com/can-cli-fi-actually-make-a-difference-a-climate-scientists-perspective-83033. [04.01.2023]

Pfeifenrath, Rudolf (2015): Politische Beeinflussung im Science-Fiction-Film – Wie sich aktuelle politische Themen in Filminhalten widerspiegeln. In: Schärtl, Thomas/Hassel Jasmin (Hg.): Nur Fiktion? Religion, Philosophie und Politik im Science-Fiction-Film der Gegenwart. Münster: Aschendorff Verlag, S. 69–92.

Pilkington, Ace G. (2017): Science Fiction and Futurism: Their Terms and Ideas. Jefferson: McFarland & Company Publishers.

Plotz, John (2020): The Realism of Our Times: Kim Stanley Robinson on How Science Fiction Works. Public Books. https://www.publicbooks.org/the-realism-of-our-times-kim-stanley-robinson-on-how-science-fiction-works/. [04.01.2023]

Press, Gil (2016): Artificial Intelligence Defined as A New Research Discipline. Forbes. https://www.forbes.com/sites/gilpress/2016/08/28/artificial-intelligence-defined-as-a-new-research-discipline-this-week-in-tech-history/. [04.01.2023]

Probst, Maximilian (2020): Blick ins Morgenland. Die Zeit, Nr. 54, 23.12.2020, S. 29–30.

Prucher, Jeff (2006) (Hg.): Brave New Word: The Oxford Dictionary of Science Fiction. Oxford: Oxford University Press.

Rabhansl, Christian (2019): Mensch und Maschine – Ohne Bewusstsein keine Intelligenz. Deutschlandfunk Kultur. https://www.deutschlandfunkkultur.de/mensch-und-maschine-ohne-bewusstsein-keine-intelligenz-100.html. [04.01.2023]

Rhee, Jennifer (2018): The Robotic Imaginary: The Human and the Price of Dehumanized Labor. Minneapolis: University of Minnesota Press.

Richards, Thomas (1997): The Meaning of Star Trek. New York: Doubleday.

Riesewieck, Moritz/Block, Hans (2020): Die digitale Seele: Unsterblich werden im Zeitalter Künstlicher Intelligenz. München: Goldmann.

Roberts, Adam (2010): Science Fiction. New York: Routledge.

Roberts, Adam (2016): The History of Science Fiction. London: Palgrave Macmillan.

Robinson, Tasha (2016): How SyFy's The Expanse Cast its Multiracial Future. Genre TV is Relying on Increasingly Gender-Balanced, Multicultural Casts to Populate Its Far-Flung Worlds. The Verge. https://www.theverge.com/2016/2/25/11103434/syfy-the-expanse-series-diverse-cast. [04.01.2023]

Ruge, Wolfgang (2012): Roboter im Film: Audiovisuelle Artikulationen des Verhältnisses zwischen Mensch und Technik. Stuttgart: ibidem Verlag.

Ryan, Michael/Kellner, Douglas (1999): Technophobia. In: Kuhn, Annette (Hg.): Alien Zone II. The Spaces of Science Fiction Cinema. London, New York: Verso Books, S. 58–65.

Saadia, Manu (2016): Trekonomics: The Economics of Star Trek. California: Pipertext Publishing.

Sartori, Laura/Theodorou, Andreas (2022): A sociotechnical perspective for the future of AI: narratives, inequalities, and human control. Ethics of Information Technology 24(4). https://doi.org/10.1007/s10676-022-09624-3.

Schäffer, Christian (2021): Isaac Asimov – Von Menschen und Maschinen. BR Podcast Bayern2 Radiowissen. https://www.br.de/mediathek/podcast/radiowissen/isaac-asimov-von-menschen-und-maschinen/1740271. [04.01.2023]

Scharmen, Fred (2021): Space Forces. A Critical History of Life in Outer Space. London, New York: Verso Books.

Scharre, Paul (2018): Army of None: Autonomous Weapons and the Future of War. New York: W. W. Norton & Company.
Schätzing, Frank (2018): Die Tyrannei des Schmetterlings. Köln: Kiepenheuer & Witsch.
Schiel, Andreas (2020): »Es braucht beides: individuelle und gesellschaftliche Transformation«. Demokratievolution. https://demokratievolution.wordpress.com/2020/05/26/es-braucht-beides-individuelle-und-gesellschaftliche-transformation/. [04.01.2023]
Schmeink, Lars (2016): Biopunk Dystopias: Genetic Engineering, Society and Science Fiction. Liverpool: Liverpool University Press.
Schwär, Hannah (2018): »Wer sagt, dass Maschinen nie zu Bewusstsein gelangen?«: Science-Fiction-Autor Frank Schätzing im Interview. Business Insider. https://www.businessinsider.de/tech/wer-sagt-dass-maschinen-nie-zu-bewusstsein-gelangen-science-fiction-frank-schaetzing-im-interview-2018-5/. [04.01.2023]
Schwartz, A. Brad (2015): The Infamous »War of the Worlds« Radio Broadcast Was a Magnificent Fluke. Smithsonian Magazine. https://www.smithsonianmag.com/history/infamous-war-worlds-radio-broadcast-was-magnificent-fluke-180955180/. [04.01.2023]
Schwartz, Matthias (2017): Zukunftsutopien und Weltraumträume. Sozialistische Science-Fiction-Filme aus dem Osten Europas. ZfL BLOG. https://doi.org/10.13151/zfl-blog/20170214-01.
Seeßlen, Georg (1980): Kino des Utopischen: Geschichte und Mythologie des Science-fiction-Films. Hamburg: Rowohlt.
Seeßlen, Georg (2021): Partly Truth & Partly Fiction: Künstliche Intelligenz als postreligiöser (Pop-)Mythos. In: Deutsches Hygiene-Museum (Hg.): Künstliche Intelligenz: Maschinelles Lernen Menschheitsträume. Dresden, S. 154–160.
Sell, Jane/Love, Tony P. (2009): Common fate, crisis, and cooperation in social dilemmas. Advances in Group Processes 26, S. 53–79. https://doi.org/10.1108/S0882-6145(2009)0000026006.
Shvartsman, Alex (2021): A Brief History of Russian Science Fiction. Clarkesworld 176.https://clarkesworldmagazine.com/shvartsman_05_21/ [04.01.2023]
Silverberg (2010): Science Fiction in the Fifties: The Real Golden Age. Library of America. https://sciencefiction.loa.org/why_silverberg.php. [04.01.2023]

Singer, Peter W. (2009): Isaac Asimov's Laws of Robotics Are Wrong. Brookings. https://www.brookings.edu/opinions/isaac-asimovs-laws-of-robotics-are-wrong. [04.01.2023]

Soleri, Paolo (1973): Arcology: The City in the Image of Man. Cambridge: MIT Press.

Sönnichsen, Arne (2018): Sind Drachen, Zombies und Aliens politisch?! Das Politische in der Phantastik am Beispiel der SF-Serie The Expanse. In: Switek, Niko (Hg.): Politik in Fernsehserien: Analysen und Fallstudien zu House of Cards, Borgen & Co. Bielefeld: transcript Verlag, S. 345–360. https://doi.org/10.1515/9783839442005-016.

Sontag, Susan (1965): The Imagination of Disaster. Commentary Magazine, S. 42–48. https://americanfuturesiup.files.wordpress.com/2013/01/sontag-the-imagination-of-disaster.pdf. [04.01.2023]

Steinmüller, Karlheinz (2010): Science Fiction: eine Quelle von Leitbildern für Innovationsprozesse und ein Impulsgeber für Foresight. In: Hauss, Kalle/Ulrich, Saskia/Hornbostel, Stefan (Hg.): Foresight – between science and fiction. iFQ-Working Paper 7. Berlin: iFQ – Institut für Forschungsinformation und Qualitätssicherung, S. 19–31.

Steinmüller, Karlheinz (2016): Antizipation als Gedankenexperiment: Zukunftsforschung und Science-Fiction. In: Reinhold, P. et al. (Hg.): Einblicke, Ausblicke, Weitblicke. Aktuelle Perspektiven in der Zukunftsforschung. Wien/Zürich: Lit Verlag, S. 320–338.

Steinmüller, Angela/Steinmüller, Karlheinz (2021): Streifzüge. Essays zu zweihundert Jahren Science Fiction. Berlin: Memoranda Verlag.

Steinmüller, Angela/Steinmüller, Karlheinz (2022): Erkundungen. Essays zu Welten der Science Fiction. Streifzüge. Berlin: Memoranda Verlag.

Svoboda, Michael (2017): Geostorm: A (very) imperfect storm. Yale Climate Connections. https://www.yaleclimateconnections.org/2017/11/geostorm-a-very-imperfect-storm/. [04.01.2023]

Tegmark, Max (2017): Life 3.0: being human in the age of artificial intelligence. New York: Knopf.

Telotte, J.P. (1995): Replications: a robotic history of the science fiction film. Champaign: University of Illinois Press.

Telotte, J.P. (2014): Science Fiction Reflects Our Anxieties. The New York Times. https://www.nytimes.com/roomfordebate/2014/07/29/will-fiction-influence-how-we-react-to-climate-change/science-fiction-relects-our-anxieties. [04.01.2023]

Telotte, J.P. (2016): Robot ecology and the science fiction film. New York: Routledge.

The Royal Society (2018): Portrayals and perceptions of AI and why they matter. London. https://royalsociety.org/-/media/policy/projects/ai-narratives/AI-narratives-workshop-findings.pdf. [04.01.2023]

Thomas, Sheree R. (Hg.) (2000): Dark Matter: A Century of Speculative Fiction from the African Diaspora. New York: Grand Central Press.

Thunberg, Greta (2019a): Transcript: Greta Thunberg's Speech At The U.N. Climate Action Summit. https://www.npr.org/2019/09/23/763452863/transcript-greta-thunbergs-speech-at-the-u-n-climate-action-summit. [04.01.2023]

Thunberg, Greta (2019b): Address at World Economic Forum: Our House Is On Fire – Jan 25, 2019. https://awpc.cattcenter.iastate.edu/2019/12/02/address-at-davos-our-house-is-on-fire-jan-25-2019/. [04.01.2023]

Turco, R.P. et al. (1983): Nuclear Winter: Global Consequences of Multiple Nuclear Explosions. Science 222(4630), S. 1283–1292. DOI: 10.1126/science.222.4630.1283.

TV Tropes (2022a): Willing Suspension of Disbelief. https://tvtropes.org/pmwiki/pmwiki.php/Main/WillingSuspensionOfDisbelief. [04.01.2023]

TV Tropes (2022b): Arcology. https://tvtropes.org/pmwiki/pmwiki.php/Main/Arcology. [04.01.2023]

Uekötter, Frank (2019): Kleine Geschichte der Klimadebatte. APuZ 6–8/2018, S. 8–14.

Valente, Catherynne (2016): The Future is Blue. In: Strahan, Jonathan (Hg): Drowned Worlds: Tales from the Anthropocene and Beyond, S. 353–381. Oxford: Solaris.

Vinge, Vernor (2013) [1993]: Technological Singularity. In: More, Max/Vita-More, Natasha (Hg.): The Transhumanist Reader. Classical and Contemporary Essays on the Science, Technology, and Philosophy of the Human Future. Oxford: Wiley-Blackwell, S. 365–375.

Vint, Sherryl (2021): Science Fiction. Cambridge: MIT Press.

Visitor, Nana (i.E.): A Woman's Trek: From Uhura to Burnham – Star Trek's Female Stars on Six Decades of Change and Empowerment. Hero Collector.

Walter, Damien G. (2008): Cory Doctorow: willing science fiction into fact. The Guardian. https://www.theguardian.com/film/2008/nov/25/cory-doctorow-little-brother. [04.01.2023]

Watercutter, Angela (2015): Ex Machina has a serious fembot problem. Wired. https://www.wired.com/2015/04/ex-machina-turing-bechdel-test. [04.01.2023]

Weeber, Susan Cooke (2016): Archival Impulses, Historical Anxieties: Preservation and Erasure in Philip K. Dick's *Martian Time-Slip*, Critique: Studies in Contemporary Fiction 57(5), S. 579–588. https://doi.org/10.1080/00111619.2016.1149796.

Wei-Haas, Maya (2017): The »Science« Behind »Geostorm«, the Newest Weather-Fueled Doomsday Flick. Smithsonian Magazine. https://www.smithsonianmag.com/science-nature/science-behind-geostorm-newest-weather-fueled-doomsday-flick-180965303/. [04.01.2023]

Weldes, Jutta (1999): Going Cultural: Star Trek, State Action, and Popular Culture. In: Millennium – Journal of International Studies 28(1), S. 117–134.

Weldes, Jutta (2003): To Seek Out New Worlds: Exploring Links between Science Fiction and World Politics. Basingstoke: Palgrave Macmillan.

Welzer, Harald (2018): Die Welt ist zum Verändern da! Deutschlandfunk Kultur. www.deutschlandfunkkultur.de/positive-utopien-die-welt-ist-zum-veraendern-da.1005.de.html?dram:article_id=421910. [04.01.2023]

Wendt, Alexander (1994): Collective Identity Formation and the International State. The American Political Science Review 88(2), S. 384–396. https://doi.org/10.2307/2944711.

Werlitz, Julian (2014): Was wir gewesen sein werden. Historizität der Gegenwart im Science-Fiction-Roman: Georg Kleins *Die Zukunft des Mars* und Reinhard Jirgls *Nichts von euch auf Erden*. Germanica 55/2014, S. 229–247. https://doi.org/10.4000/germanica.2759.

Westfahl, Gary (2000): Space and beyond: The frontier theme in science fiction. Westport: Greenwood Press.

Wiener, Norbert (1948): Cybernetics: Or Control and Communication in the Animal and the Machine. Cambridge: MIT Press.

Winter, Jerome (2016): Science Fiction, New Space Opera, and Neoliberal Globalism: Nostalgia for Infinity. Cardiff: University of Wales Press.

Wittenberg, David (2017): Time travel and the mechanics of narrative. In: Latham, Rob (Hg.): Science Fiction Criticism: An anthology of essential writings, S. 149–178. New York: Bloomsbury.

Wolfe, Gary K. (1979): The Known and the Unknown. Kent: Kent State University Press.

Xinhua News Agency (2022): More Hollywood movies feature Chinese elements. China Daily. https://www.chinadaily.com.cn/a/202204/19/WS625e1250a310fd2b29e57bd0.html. [04.01.2023]
Yoder, Kate (2022): The Overview Effect – How the view from space might be key to saving the planet. Grist. https://grist.org/climate/overview-effect-view-of-earth-from-space-astronauts-climate-change/. [04.01.2023]

Isabella Hermann ist Analystin und Speakerin im Feld der Science-Fiction. Die promovierte Politikwissenschaftlerin geht dabei insbesondere der Frage nach, inwiefern das Genre neue Technologien, sozialpolitische Wertesysteme und globale Politik reflektiert. Sie ist zudem Ko-Direktorin des Berlin Sci-fi Filmfestes. Nach Stationen an der Berlin-Brandenburgischen Akademie der Wissenschaften und der Technischen Universität Berlin war sie zuletzt auch Mitglied im Vorstand der Stiftung Zukunft Berlin.

Zur Einführung →

Sebastian Rosengrün
Künstliche Intelligenz zur Einführung
ISBN 978-3-96060-323-8
208 Seiten, 15.90 Euro

Künstliche Intelligenz (KI) ist eines der bestimmenden Themen der gegenwärtigen Wissenschaft, Politik und Wirtschaft. Dieser Einführungsband von Sebastian Rosengrün bietet einen allgemeinverständlichen, aber technisch informierten Zugang zur geistes- und sozialwissenschaftlichen Reflexion von KI und ihren historischen Ursprüngen. Er zeigt kritisch auf, was es technisch und philosophisch bedeutet zu behaupten, dass Computer denken, fühlen oder handeln können. Damit veranschaulicht er die Konsequenzen von KI für das menschliche Selbstverständnis, aber auch für soziale Beziehungen und wichtige philosophische Grundbegriffe wie Kreativität, Entscheidung und Verantwortung.

Gabriele Gramelsberger
Philosophie des Digitalen zur Einführung
ISBN 978-3-96060-337-5
272 Seiten, 16.90 Euro

Das Digitale ist ein integraler Teil der Lebenswirklichkeit geworden. Es ist überall und allumfassend. Als Metaverse soll es zukünftig den Übergang zwischen Realität und Virtualität nahtlos gestalten. Doch trotz seiner umfassenden Präsenz ist das Digitale kein einfaches Thema für die Philosophie, zu disparat sind die digitalen Effekte und Phänomene. Diese Einführung in die Philosophie des Digitalen von Gabriele Gramelsberger gibt einen systematischen Zugang zur Struktur und Signatur des Digitalen.

JUNIUS
www.junius-verlag.de